CONTENIDO

PROLOGO

Es un privilegio poder acceder a una obra de esta magnitud, donde la Gracia de Dios se revela de una manera formidable. *Suelta tu Cántaro* le llevará por un camino de revelación del amor de Dios, basado en la historia narrada en el evangelio de Juan en las Sagradas Escrituras acerca de una mujer, que como muchos seres humanos tratan de buscar alivio para su dolor en la fuente equivocada; haciendo de este su *modus vivendi*, es decir acuerdan consigo mismos vivir de una apariencia de bienestar mientras en su interior, el dolor, frustración, rechazo y otros fenómenos que destruyen sus vidas. Es desde esta porción bíblica de donde como una fuente de vida que brota de manera continua el lector recibirá a través de una palabra revelada e inspirada por el Espíritu Santo un ungüento de sanidad interior y restauración.

De una manera grandiosa, la Dra. Dulce, desde el pasaje de la mujer samaritana, extrae verdades reveladas acerca de la naturaleza humana con todos sus dolores y fracasos, para mostrar una salida a la luz y sanidad interna que llevará al lector a reconocer su condición y le guiará a recibir la medicina para su alma que solo Dios usando vasos como ella puede lograr.

Suelta tu Cántaro es un libro que será para usted como vaso de agua al sediento y como carga que es quitada de los hombros de alguien agotado y agobiado por el peso de la misma.

De la misma manera que las compañías que producen vehículos se preparan para darle mantenimiento, siendo los mejores conocedores de su producto por cuanto ellos mismos lo diseñaron y fabricaron, así Dios que diseño y creó al hombre, conoce al hombre en sus tres partes que está compuesto, espíritu, alma y cuerpo. Y es de esa Fuente de vida que, *Suelta Tu Cántaro*, es diseñada y escrita de la revelación del conocimiento de Quien nos creó y nos conoce sin limitación. Nadie conoce la conducta del hombre mejor que su Creador, y es Él quien a través de la Palabra nos da la medicina para que podamos ser sanos. Una de las grandes ventajas que encontramos en *Suelta tu cántaro* es la revelación de su Palabra en el propósito restaurador de Dios para con el hombre.

Tome un tiempo y medite en lo que estas páginas siguientes tienen para usted, y estoy seguro de que su vida dará un giro de ciento ochenta grados en pos de su sanidad interior y restauración de todo aquello que el lado difícil de la vida le quitó.

Prepárese para encontrarse con usted mismo y con la Gracia que le llevará al quirófano celestial para su final cirugía de sanidad interior y restauración.

De la misma manera que aquella mujer de Samaria, al tener un encuentro con su Creador, quien conocía muy bien la necesidad que ella tenía, encontró el agua que sació su sed en su alma, y no necesitó más el agua que los hombres le proveían para saciar temporalmente su sed, así al leer las páginas de *Suelta tu cántaro*, recibirás el toque del Espíritu Santo que traerá de la misma agua para sanar tu corazón y mitigar tu sed de una vez y para siempre.

Abra las puertas de su corazón y deje que la medicina de la buena voluntad de Dios, que es Buena, Agradable y Perfecta, entre y sane cada fibra de su ser y le

7

devuelva la paz y el amor que el dolor de lo vivido le robó, porque para esto fue inspirada esta obra de sanidad, *Suelta Tu Cántaro*.

Pastor Rafael Reyes

Worcester, MA.

Prefacio

Considero un gran privilegio contar con una amiga como la Dra. Dulce Fiore, un gran ser humano con un amor incondicional por las vidas, siendo ello lo que nos ha mantenido unidas por más de doce años, doy gracias a Dios por su vida y amistad.

En este libro, encontrarás una historia que tal vez ya conozcas, o hayas escuchado, pero vista desde una perspectiva que estoy segura va a cautivar tu mente, corazón, y va a llevar tu alma a una libertad sin la cual tu vida no tendría sentido de propósito.

Suelta tu cántaro nos habla de aquella mujer en el Evangelio de Juan, capítulo 4; que al tener un encuentro con Jesús, de Nazaret, alguien para ella totalmente

desconocido, pero que suscitó un diálogo con ella, que

cambió su vida para siempre, llevándola a enterrar un

pasado lleno de tinieblas, resucitando su verdadero

propósito de vida y colocándola en la libertad para

alcanzarlo.

El propósito para la autora de este maravilloso

libro, la Dra. Dulce Fiore, es que todo aquel, hombre o

mujer, amigo lector, pueda soltar ese cántaro donde lleva

esas historias o experiencias que le oprimen y han

marcado negativamente su vida, deteniendo, su encuentro

con el propósito de su vida, o que tal vez, lo has

encontrado, pero no estás en la libertad para alcanzarlo.

Estimulo encarecidamente a todos, a leer este

libro; estoy plenamente segura, que al leer esta

extraordinaria historia de la manera en que Dios la reveló

al corazón de la Dra. Dulce, su vida será ministrada de tal

manera que usted soltará ese pesado cántaro y su historia

cambiará totalmente, estará listo(a) para entrar en la

clase vida y propósito para la cual usted fue diseñado(a);

tu vida se llenará de gozo y nuevas esperanzas.

Norca Pimentel de Peña

Senior Pastor Ministerio Cristiano Filadelfia

Worcester, MA.

Dedicatoria

Dedico este libro a Ti, amado Padre Celestial, por darme la oportunidad de ser llamada Tu hija. Gracias por enseñarme lo profundo del Amor paternal del Dios Divino. A Ti, Señor Jesús, por haber descendido a la tierra donde todos estábamos perdidos, allí me levantaste y me diste un nombre que yo no merecía, gracias. A Ti Espíritu Santo de Dios, que te has dignado enseñarme, corregirme, exhortarme a fin de que aprenda a ser perfecta y enteramente preparada para toda buena obra. Gracias, gracias, Espíritu Santo por tu paciencia y benignidad para conmigo.

También dedico este libro a todas las mujeres y

hombres que han sufrido aquí en la tierra por el hecho de ser simplemente candidatos a heredar la Gloria eterna. Bienaventurados los que sufren porque ellos serán consolados. Por ustedes viene este libro, recordando la promesa de que a los que amamos a Dios todas las cosas nos obran para bien.

Agradecimientos

Quiero como siempre agradecer de manera muy particular a personas que son tan importantes en mi Vida. Gracias a Ralph mi compañero y esposo, quien tiene junto a Venecia, mi hermana y consejera, la ardua tarea de editar este libro. Gracias infinitas a los dos, por ser pacientes con mis cientos de errores y por apoyarme siempre y ayudarme a no dejarme vencer por el cansancio y los tantos compromisos.

Gracias, Alexander, Carol y Charyna, ustedes son la fuente de inspiración y el motivo para vencer por encima de todos los sufrimientos vividos por tantos años. A mis ocho nietos también que siguen empujando el motor de inspiración de una forma muy particular y a todos mis sobrinos, son muchísimos, gracias especiales.

A ti Doris tengo que agradecerte por estar siempre a mi lado. Gracias por reconocer que hago muy buen trabajo en mi profesión, pero también reconozco que en el tiempo de necesitar a una mujer sabia para escucharme, ahí has estado siempre, tú has sido mi otra consejera. A ti Sarah, por ser mi motivadora, ¡para que también tú termines el libro que empezaste! A todos los miembros de mi familia, gracias, a todos los que son y han recibido algún consejo de mi parte, para ustedes mi gratitud. A mis colegas, Pastores y Ministros, gracias porque cada enseñanza que plasmo en esta obra tiene el toque de lo que ustedes me han enseñado. Gracias, a ustedes quienes siempre preguntan si ya salió el libro; ¡aquí lo tienen! Quiero reconocer y agradecer a todas las Iglesias que han abierto sus puertas para que esta servidora pudiera llegar a los miembros de sus congregaciones. Siempre les agradeceré por permitirme compartir con ustedes las enseñanzas del Señor y de mi profesión. Siempre, siempre les estaré agradecida; a cada uno de ellos, gracias por ese deseo de aprender, y su marcado interés en adquirir más conocimientos.

Dr. Dulce Fiore, PhD.

Tewksbury, MA.

Introducción

El material que estás a punto de leer, te llevará a experiencias proféticas extraordinarias que Dios ha concedido a la Iglesia para estos últimos tiempos. La palabra Cántaro: significa, vasija grande, recipiente para coger agua, vino, u otro líquido cualquiera. Es una palabra en extremo sencilla y si la aplicamos a la enseñanza Bíblica que encontramos en **San Juan 4** podríamos comenzar a usarla en otro tenor con un significado específico y de gran enseñanza.

Jesús cansado del camino crea una circunstancia para llegar a aquella mujer que temprano de la mañana estaba buscando agua en aquel lugar llamado el pozo de

Jacob. Jesús que siempre es directo y va al grano de las cosas, le pide agua a aquella mujer Samaritana quien al mirarlo rápidamente piensa que nada tiene que ver con ese hombre; sus vestimentas y estilos dejaban ver justamente la región de dónde provenía y rápidamente rechaza las peticiones de Jesús con argumentos llenos de religiosidad, y otras falsas excusas. Aquí tenemos algunas razones para asociar el término de **Suelta tú Cántaro.**

Jesús siempre conoce lo que pasa en el corazón del hombre. Él, sabiendo la importancia que tiene para nosotros este mineral, cuando ella va en su búsqueda, aparece en escena y comienza entre ellos un diálogo muy versátil, el cual consistía en asuntos de diferencias típicas de los habitantes de esa región, los herederos de aquel pozo, los descendientes de nuestro padre Jacob, en fin, una conversación que tuvo que terminar con una confrontación, que es exactamente lo que llevó a entender

a aquella mujer que llevaba una carga tan grande. Esa

excusa de estar a la defensiva hacia sus cargas más fuertes,

más pesadas, más confusas. El Maestro la fue llevando a

entender que Él sabía quién era ella, qué hacía, por qué

huía todo el tiempo, por qué andaba de escapes en escapes,

por qué tenía que suplirse del agua cada día, sin ser

confrontada por aquel pueblo que se asqueaba de ella; por

qué darle nombres a sus excusas o problemas, el Maestro

lo sabía, El conoce todas las cosas.

Ese encuentro de Jesús con la Samaritana, nos

permite recordar todas las máscaras que a diario

enfrentamos, nos presenta lo que es una persona con el

derecho de ser totalmente libre y no lo es. Es el ejemplo

por excelencia de la libertad que Dios trae al hombre,

quien no la recibe porque sus cargas son tan grandes que

no se permite aceptar que, por amor, Dios ha venido a darnos vida y vida en abundancia. Esa carga del cántaro que todos llevamos día a día, tiene diferentes contenidos tales como: dolor, rencor, abusos, maltratos vergüenza, abandono, rechazo, odio, murmuración, victimización, golpes, heridas, pobreza, acusaciones, culpabilidad, confusión, y aun podríamos seguir añadiendo a estas otros contenidos, de manera infinita.

Ese cántaro que venimos arrastrando y añadiéndole más cargas pesadas, hay que derribarlo, soltarlo, tenemos que renunciar a él. Tienes que facilitarte ese encuentro con el amado, el libertador, el que hace todas las cosas nuevas, tenemos que permitirle que se acerque. Su ayuda es tan perfecta que Él se acerca primero, Él nos va mostrando nuestra realidad interna, Él nos lleva al punto clave, es allí donde la palabra *Soltar* toma una connotación superior, allí el hombre se ve tal como otros lo ven y puede con plena libertad soltar su Cántaro.

Creo que uno de los milagros más grandes de transformación fue cuando esta mujer se dio cuenta de que la carga tan grande que llevaba no le permitía ver el lado positivo de las cosas. Esa mujer como mecanismo de defensa usaba el cambio de parejas, que quizás nada tenía que ver con sexo, quizás eso no era lo importante, tal vez buscaba compañía, el hecho de conquistar una nueva pareja, en su interior le ayudaba a llenar, por supuesto, de manera negativa o enfermiza, su status civil, aunque a los demás les pareciera indebido o incorrecto.

El Maestro tiene la forma y el estilo perfecto de cómo enseñarnos las cosas. Mientras ella, a la defensiva, justifica la herencia, religión y costumbre, el Maestro con sus ojos llenos de amor le infunde una mirada transformadora que la impulsa a soltar el cántaro, las circunstancias, el pasado, la mala reputación, en fin todo lo que le pesa, lo que la oprime. Por eso ella decide en su corazón, correr, correr, correr, llenarse de gozo, de cosas nuevas, feliz de ser una nueva criatura, feliz de perdonar, porque ella ya fue perdonada, sanada, se dispone a compartir con los que la acusaban, la murmuraban, y se reían de ella. El gozo era tan grande cuando soltó ese Cántaro, que pudo amar a los que la odiaban, bendecir a los que la maldecían y hacer bien a los que le hacían mal. "Vengan, vengan todos para que vean que allí hay UNO que creo es profeta, me ha dicho todo de mi vida". Aquellos hombres, al oír la mujer la seguían por curiosidad, a ver quién se podía fijar en tal persona, pero lo que ellos no sabían era la impresión que se llevarían, porque también ellos iban a identificar cantaros en sus vidas, los cuales tenían que soltar. Aquellos que la murmuraban tal vez tendrían más cargas y cantaros que aquella mujer.

Allí se abre un nuevo capítulo para cada persona que conoce al Maestro. Allí empieza una historia nueva que todos tendrían que contar. La mujer más *inaceptable* en esas comparaciones hoy se conoce como la primera mujer que predica el Evangelio. Aquella que sintiéndose ser *nadie*, Dios la transforma en una vaso de honra. Es aquella *insignificante* persona que usaba varios argumentos para justificar su carga, sus pecados, hoy Dios al visitarla, la convence de su pecado, la mueve a arrepentimiento y luego la transforma en una vasija útil.

Esta historia debe servir de ejemplo para nosotros poder entender por qué otros hacen lo que hacen y cómo

Dios transforma en instrumento de honra a quien se considera poca cosa, para mostrarles a aquellos que se sienten perfecto, lo que es el poder transformador de Dios. Sólo Dios produce esa transformación y cambio. Sólo El merece la gloria, Amén.

Cap. 1: De la Esclavitud a la Excelencia

Es interesante notar como nosotros los hijos de Dios nacemos envueltos en pecado, el cual nos sigue atrapando para querernos paralizar. Tan pronto la persona entienda que no tiene que ser esclavo ni tampoco vivir sin derechos, puede hacer una transformación o cambio de vida, que le transforme desde ya, hasta le eternidad y por la eternidad.

Cuando el Señor en su palabra hace hincapié en que busquemos la sabiduría y no la perdamos, se propone que se despierte en nosotros esos deseos de saber, de conocer, de que implementemos sus promesas en nuestras vidas para que nos vaya bien. Todos nosotros de alguna forma, no importa cuál fuera la circunstancia, pero la realidad es que de algún lugar salimos, de algún punto donde estábamos caídos nos levantó el Señor. Es que no importa si queremos aceptar o no la realidad, Dios se las arregló para sacarnos de ese mundo llamado miseria o de ese mundo llamado mediocre y nos coloca en un lugar de mayor excelencia.

Así de sencillo es lo que Dios ha hecho con cada persona, para que nadie pueda decir: "Por mi buena conducta o por ser una persona justa Dios me dio la salvación". Tan hundido estaba Mefibose en su mundo de miseria, como me encontraba yo cuando Dios me mandó a llamar. No por ser buena, no por merecerlo, no por herencia, no por mi capacidad, sino porque todos venimos de un mundo caído y vamos camino a la excelencia. Si,

hemos encontrado la salvación a través de Cristo Jesús.

Lo menos que esperaba Mefibose era que alguien se

acordara de él, no se imaginaba que alguien se recordara

que él nació en una familia real, que venía de la opulencia,

pero fue enviado a tierra de Lodebar, que significa

hambruna, miseria, sin pan, parecía no tener gracia, que el

niño que en un tiempo jugaba con la corona del rey, por ser

su nieto, hoy tenga que salir de las más grandes miserias.

Pero por la gracia de Dios, el rey lo mandó a llamar. No

importa si tuvimos grandes cosas siendo niños, o si somos

sacados de en medio de la miseria, lo importante es: que el

Rey nos mandó a llamar. No empecemos a victimizarnos

como Mefibose quien expresó que valía menos que un

perro muerto, pidamos sabiduría al Señor para invertir

nuestro tiempo en alabarle, en bendecirle, en reconocer su

grandeza y en darle toda adoración por lo que ha hecho en nuestras vidas.

Si analizáramos nuestro origen, descubriríamos muchos sitios como Lodebar de donde el Señor nos mandó a llamar. Y quizás también descendencia parecida a la de Mefibose, pero por cuanto todos pecamos fuimos destituidos de la gloria del Señor y caímos en tierra de maldición, caímos en la miseria y otros tantos lugares de la lista. Sólo Jesús, siendo Dios rindió todo por nosotros para sacarnos del infierno eterno que heredábamos y nos estableció en su reino de luz. Verdaderamente Dios vino a traer el reino de Dios a la tierra.

Esta es una enseñanza que puede seguir enriqueciéndonos si la buscamos y leemos en la Biblia en **2 Samuel 9:3-13**. Cuando buscamos en obediencia delante del Señor, Él produce hasta lo imposible. Aún el rey David, Dios lo conmovió para hacer misericordia con un tullido, un iracundo, amargado por su victimización, Dios decide bendecirle a través del rey. Pero ese pobre muchacho rechazado y amargado no se sentía digno de entrar en la presencia del rey. En cambio tú y yo en nuestra justicia humana y de este mundo, lo que nos alcanza es la gracia poderosa de volver a ser hijos, legítimos, reales, reyes y sacerdotes, pueblo adquirido por Dios, a Él le place llamarnos: su especial Tesoro. Entonces levántate tú que duermes y celebra, agarra tus instrumentos, suena esos panderos y comienza a exaltar al Rey. Nos llama su ciudad santa, ovejas de su prado, la Niña de sus ojos, es tanto el amor que ha derramado sobre nosotros, que tienes que brincar, saltar, correr, rendirte a adorarle sólo a Él.

Cuando sales de Lodebar y vas camino al Palacio

tienes que ir en plan de celebración, aprovecha el camino,

las ropas y calzados que se usan en el palacio, no tiene

nada que ver con nuestra ropa diaria, allí todo es

hermosura, todo es eterno, todo dura para siempre, aún los

pies de Mefibose que el rey David no pudo sanar en este

mundo terrenal, allí en nuestra mansión celestial, todo será

cambiado, todo será nuevo y todo formará parte del

protocolo real.

Cap. 2: La importancia de rendirse delante de Dios.

Se dice que la medida de unción que recibimos depende de la medida de intimidad que tenemos con Dios. También se dice que la mejor forma de nosotros tener acceso al poder de Dios es a través de la medida en que muramos a nosotros mismos, y debido a la medida que rinda a Dios mi vida delante de Él. Si queremos alcanzar un nivel de gran poder de Dios y de unción en nuestras vidas, entonces es tiempo de empezar a rendir nuestras vidas, situaciones, personas, cosas, finanzas etc., lo cual no hemos rendido a Dios y luego, con amor, honra, humillarnos en su presencia, rendirle todo que teníamos, y

el control y el poder de Dios comienzan a fluir en nuestras

vidas. Tenemos que reconocer las estrategias que son

claves para que podamos fluir con poder de Dios, y unción

divina.

Lo primero que debemos reconocer es que al hacerlo

se nos abren los cielos a Su presencia y eso es rendirnos.

Ya hemos explicado que rendirse delante de Dios significa

morir. Cuando entregamos cualquier área de nuestras

vidas, para Dios significa morir; Dios toma esa actitud y

rápidamente la traduce en poder y autoridad divina sobre

nuestras vidas. Recordemos: que para que el grano de

trigo dé vida, primero tiene que morir, es decir ser

procesado.

Segunda estrategia, hacer ayuno y oración delante de

Dios. Si nosotros ya hemos entendido que las cosas no nos salen bien en nuestras vidas es tiempo de revisar cómo nos estamos rindiendo a Dios, a través de ayunar y orar. Cada vez que rendimos nuestra voluntad delante de Él de manera personal y le decimos que queremos ofrecer nuestro cuerpo en sacrificio vivo y santo, que es nuestro sacrificio racional, Dios se contenta y se ocupa en llenar y saciar cada necesidad nuestra. Cada día que ofrecemos, al sacrificar el comer para que el espíritu se fortalezca, más poderosa se hace la llenura de Dios, en nuestras vidas.

Todo lo que hemos dado es proporcional a lo que hemos recibido. Es decir, que el cielo nos da de lo que nosotros le hemos dado. Este es el mejor momento de tu vida, para que puedas medir la porción de Dios que fluye a través de ti. Lo precioso es que no importa cuánto hayamos entregado a Dios, sino el momento en que lo podemos entregar todo. Eso es milagroso, sentir esa rema de Dios que te diga: *"ríndelo todo al Señor, entonces Él te respaldará en todo, con su poder"*.

Hay una palabra poderosa en **1 Corintios 15:31**: *"os aseguro, hermanos, por la gloria que de vosotros tengo en nuestro Señor Jesucristo, que cada día muero"*. Cuando Pablo reconoce que tiene alguna gloria por *vosotros*, se refiere a ese poder que ha conseguido, porque lo dice claro: *"cada día muero"*, o mejor dicho: cada día me rindo más delante de Dios. Para usted rendirse delante de Dios tiene que morir. A través de esa muerte se produce en nosotros ese poder sobrenatural que sólo Dios puede dar, y sólo lo da a personas que antes se rindieron para que viva Él.

Cuando hago ayuno, días o semanas, por otras

personas, Dios me recompensa. En todo aquello que yo muero: Dios me da poder. Cuando ofreces a Dios ofrendas que no quieres dar, pero te rindes para obedecerle, Dios te compensa. No busquemos otras salidas o medios de acceso al poder, o a la unción de Dios, simplemente rindámonos que Dios en su fidelidad nos respaldará. Todo aquello que aún te está estresando, créeme que es porque no lo has rendido delante de Dios. Cuando te rindes, activa la ley del intercambio. Todo lo que tienes contigo es producto de lo que has dado o rendido a Dios en los cielos.

¿Quieres activar la ley del intercambio?

Empieza a orar, ora sabiendo y creyendo que lo que en oración vas a pedir, va a ocurrir. Empieza a ayunar, sabiendo que el ayuno sacrifica la carne para alimentar el espíritu. Intimidad es desarrollar una búsqueda de Dios tan profunda que salgas de lo rutinario y penetres lo divino,

Ríndete, sabiendo que rendirse es morir, sólo muriendo a ti, podrás experimentar la vida de Dios en tu vida. Podrás vivir la experiencia de tu nueva identidad como hija o hijo del reino.

permite ver los milagros frente a frente. Jesús clama a su Padre y hace una declaración y afirmación de lo que Él sabe que va a ocurrir, porque conoce a su Padre glorioso, ordena remover la piedra, y ordena a Lázaro a salir fuera.

Todavía repercute en los oídos de Jesús cuando Marta dijo ya huele mal. El milagro había ocurrido, el que estaba muerto sale atado pies y manos y rostro también, pero salió de la tumba! Muchas son nuestras objeciones delante de Dios. Tan fuerte es nuestra incredulidad que se trata aquí en esta historia de los más conocidos y amados por Dios, sus amigos, y cómo dudaban ellos aún con el milagro frente a sus ojos.

Son muchas las piedras que tenemos que remover, son muchas las cuevas donde estamos metidos, con piedras que nos bloquean para que no podamos salir; son muchas las justificaciones religiosas que usamos para defendernos aún del Señor, así como hablaba Marta, acerca de la resurrección; son muchas las circunstancias negativas que usamos para impedir, que nuestros ojos se abran a la realidad del milagro que ya tenemos, pero que humanamente no hemos visto.

¿No nos dice el Señor si crees verás mi gloria? ¿Por qué es tan difícil creer? ¿Por qué siempre se siembra la duda para no ver el propósito de Dios en acción? Por eso Jesús lloraba, primero por ver el dolor emocional que humanamente se experimenta cuando muere uno de los nuestros, y segundo también lloraba, porque ve nuestra impotencia para creer en los milagros creativos. Él está listo para mostrarnos su poder, y nosotros estamos más listos para justificar por qué no ocurrirá el milagro.

Es cuestión de quitar las piedras, las montañas, lo

imposible; es tiempo de pedir que los obstáculos sean removidos; es tiempo de dejar de analizar intelectualmente, con raciocinio humano y simplemente creerle a Él; es tiempo de tu remover tu propia piedra, de desatarte de las ataduras que te atan los pies, manos y rostro. Es tiempo de no creernos teólogos y mostrarle a Dios otra cosa. Allí todos, todos, aún los discípulos, eran incrédulos, dudaban del Poder de Dios en esa circunstancia.

Quizás por eso tú y yo no recibimos a diario milagros creativos, porque creemos simplemente lo que está escrito en la ley, pero dudamos de la ley hecha realidad a través de Jesús. *"¿No te he dicho que si crees verás la gloria de Dios"*? Él es la resurrección y la vida, aunque estés muerto vivirás. Todo aquel que vive y cree en mí no morirá eternamente. **San Juan 11:25-26**: *"Si Crees* *verás la gloria de Dios"*.

Cap. 4: ¿Cual Es Tu Identidad?

Las enseñanzas en este libro no intentan hablar de conocimiento humano dejando aparte la ilustración de la palabra. Es todo lo contrario, moviéndonos desde la raíz de la palabra hasta interpretar las bellas enseñanzas en el conocimiento humano. Hablando de identidad e identificando la mía nos llevará a diferentes niveles de experiencia y a tomar clara conciencia de quienes somos en Cristo.

Analizamos primero qué es identidad. Es un

conjunto de valores, costumbres propias de un individuo o de una comunidad. Estos valores caracterizan al sujeto frente a los demás. **Efesios 2:10** dice: "*porque somos hechura suya, creados en Cristo Jesús para buenas obras, las cuales Dios preparó de antemano para que anduviésemos en ellas*". Estamos escondidos en Cristo Jesús, estamos escondidos dentro de Él. Soy una nueva criatura y eso confesaré acerca de mí, la vieja criatura murió y ahora tengo una nueva identidad. Soy la expresión de Jesús, y tengo que ir creciendo hasta alcanzar esa estatura que Él espera que alcancemos en Él.

¿Cuál es tu identidad ahora? **2 Corintios 5:17:** "*De modo que si alguno está en Cristo nueva criatura es, las cosas viejas pasaron; he aquí son todas hechas nuevas*". ¿Qué se añade a esa nueva identidad? **1 Pedro 2:9:** "*más vosotros sois linaje escogido, real sacerdocio, nación* *santa, pueblo adquirido por Dios para que anuncies las*

virtudes de aquel que os llamó de las tinieblas a su luz

admirable". Es decir, salimos de las tinieblas, del mundo

caído a su reino admirable. **Verso 21** dice: *"vosotros que*

en otro tiempo no eráis pueblo, pero ahora sois pueblo de

Dios, que en otro tiempo no habíais alcanzado

misericordia, pero ahora habéis alcanzado misericordia".

Qué más recibo de esa identidad? **Romanos 8:16**:
"el mismo Espíritu da testimonio a nuestro espíritu de que

somos hijos de Dios. Si sois hijos, también herederos de

Dios y coherederos con Cristo, si es que padecemos con

El, para que justamente con Él, seamos glorificados".

Romanos 8:19: *"porque el ardiente anhelo de la creación*

es el aguardar la manifestación de los hijos de Dios". Si

somos hijos de Dios tenemos: un idioma diferente, una

cultura diferente, esperanzas diferentes, pensamientos

diferentes, estilos diferentes. La gente del mundo te saluda y te dice *"como estas"?*, pero nosotros, los hijos de Dios, cuando saludamos, decretamos al decir: *"Dios te bendice"*. Ellos también dirán: "esto o tal cosa es imposible para mí", nosotros decimos: "no hay nada imposible para mí, porque Dios dice que para Él nada es imposible". **Romanos 8:28**: *"a los que amamos a Dios, todas las cosas obran para bien. Porque a los que antes (es decir nosotros) conoció también nos pre-destinó para que fuésemos hechos conforme a la imagen de su hijo. A los que pre-destinó también llamó, y a los que llamó también los justificó, a los que justificó, a estos glorificó".*

Entonces hermanos, ahora quiénes somos en Cristo? **Deuteronomio 28:13**: *"te pondrá Jehová por cabeza y no por cola, estarás por encima solamente, y no por debajo".* Te abrirá Jehová su buen tesoro, te hará sobreabundar en bienes, Jehová derrotará a los enemigos que se levantan contra ti, por un camino saldrán contra ti, pero por siete caminos huirán de delante de ti. Tenemos más que bases bíblicas para identificar nuestro *estar escondidos en Dios*. A Él le ha placido apartarnos para vivir una vida santa para Él. Nos dio eternidad en la tierra que se extiende hasta la otra vida.

En este libro estamos hablando de soltar el cántaro. Pues ahí encontramos palabras que respaldan que el Reino de Dios vino a la tierra y habitó en medio nuestro. Por lo tanto, no tenemos por qué continuar con cargas, problemas, tormentos, que ya no son nuestros. Todo eso tuvo que quedar atrás en ese viejo hombre, todo fracaso, cargas fuertes, enfermedades, problemas, impotencias, fuera! Si Dios es con nosotros nadie ni nada será contra nosotros!

Esfuérzate, sé valiente, recibe tu nueva identidad, ya tú no eres de este mundo, Estás caminado en este planeta, pero tu final feliz, es reinar en el reino de los cielos. Como hijos del Reino: buscad primeramente su reino y su justicia y todas las demás cosas serán añadidas. Recuerda que el universo espera ver la manifestación de los hijos de Dios. Ahora lánzate, sé valiente, pelea la batalla, Él es quien te da las fuerzas para vencer. Suelta el cántaro de la incredulidad, el cual no te deja ver a plenitud quién eres tú, como hijo o hija del Rey, ¡recibe tu nueva identidad!!!!!!

Cap. 5: Suelta tus Temores

Es de suma importancia conocer el propósito de Dios para tu vida aquí en la tierra. **Romanos 8:28** dice: *"sabemos que a los que aman a Dios, todas las cosas les ayudan a bien"*. Tú no escoges tu propósito, Dios te envió a la tierra con el propósito en tu ADN.

- Sólo los que están en su propósito, todas las cosas les ayudan a bien.

- La tragedia mayor en la tierra es vivir sin un propósito.

- La muerte es más atractiva a los que no conocen su propósito.

- Sin propósitos somos como barcos sin rumbo que no tiene brújula o destino.

- Cuando encuentras tu propósito, recibes las fuerzas para comprometerte con Dios.

- Los grandes ilustres, los profesionales y los triunfadores, hicieron historias con propósitos

- Cuando identifiques tu propósito sabrás: tu origen, el cual está en ti, y hacia dónde vas.

- Lo sobrenatural te será entonces revelado

- Propósito es la razón por la cual tú existes.

- Tú existes para hacer la voluntad de Dios, que es: buena, agradable y perfecta.

- Si estás fuera de tu propósito; estás fuera de la voluntad de Dios.

Es tiempo de soltar tus temores y creer a Dios. Recuerda: ¿No te he dicho que si crees verás la gloria de Dios? El Reino de los cielos se hace fuerte, y sólo los valientes lo arrebatan. **Efesios 1:4-5** habla de que fuimos predestinados, es decir, antes destinados. Dios habla del final antes del comienzo porque la eternidad de Dios es ahora, no tiene comienzo ni fin, antes de enviarte a la tierra, ya Él había visto su propósito cumplido en ti.

- No es el vientre de tu madre lo que te define

- Si estás en la tierra, es porque desde el principio Dios te envió

- Por eso no has perecido en el pasado

- Fuiste creado en la fundación del mundo y formado en el vientre de tu madre

- Sé obediente, no perecerás pase lo pase.

- Fuimos llamados antes de la fundación del mundo

- Fuimos escogidos en este mundo

- El 90 por ciento de la Iglesia se va a la tumba sin conocer su propósito

- El 90 por ciento va a la Iglesia a saciar un problema, no a buscar su propósito

- Solo el 10 por ciento de la Iglesia, viene a buscar, conocer e identificar su propósito.

- Cuando encuentres el propósito, encontrarás también la prosperidad

- No busques suplir la necesidad, busca suplir el propósito que es Su voluntad.

- Mas, buscad primeramente el Reino de Dios y su justicia y todas cosas serán añadidas.

Eclesiastés 3:1 dice que todo tiene su tiempo. Debemos entender que el propósito es eterno pero tiene sus temporadas. Si quieres prosperidad, conéctate al propósito. En el tiempo nada sucede, en tu temporada es cuando Dios se manifiesta a ti, y luego te exhibirá al mundo. Durante todo este tiempo crono, Dios nos ha estado procesando, en nuestra temporada, Dios te proyectará al mundo y tu propósito es conocido por todos y estarás entonces en: la temporada de Dios. El proceso forma tu carácter, Dios atraerá personas a ti para tu mismo propósito. Serás entonces: agente de cambio.

Cuando la Biblia dice buscad primeramente el Reino de Dios y Su Justicia y todas las COSAS serán añadidas, podemos entender el término cosas como las añadiduras. Dios añadirá favores, prosperidad, proyección, éxito. **Efesios 1:3** nos dice: *"Bendigo el Dios y Padre de nuestro Señor Jesucristo que nos bendijo con TODA bendición espiritual en Cristo"*. Cuando estás en su propósito hay para ti: una esfera, un territorio, un lugar o ámbito. Dile adiós a tus temores, miedos, frustraciones, impotencia, baja auto estima, complejos, cantaros llenos de sufrimientos. ¡Suéltalos ahora, en el nombre de Jesús! Él te escogió, te envió, te estableció en la tierra y tus cargas ya las destruyó. Escoge tu lugar, tu territorio, tu ámbito.

Que la gracia del Padre, del Hijo y del Espíritu Santo te permitan ver su voluntad para que sueltes tus temores.

Cap. 6: Tienes que ser Valiente.

El reino de los cielos se hace fuerte y solamente los valientes lo arrebatan. Nosotros los hijos de Dios tenemos un gran privilegio. Hemos recibido todo de Él. En todo le hemos desobedecido y su supereminente gracia no se ha apartados de nosotros. Si leemos las Escrituras con entendimiento podremos ver como Dios en su infinito amor nos ha permitido aprender de las historias o vivencias de los antiguos en la fe. Aquí cabe mencionar la historia de Jacob camino de Peniel que se encuentra en **Génesis**

32:22-31. Al leerla la vemos tan sencilla, pero lo cierto es que está cargada de palabras de revelación .Dice esta porción de la palabra que Jacob se levantó aquella noche. Interesante cuando dice se levantó. Sólo se levanta lo que está caído. Añade también que fue aquella noche, todos tenemos un tiempo como: *aquella noche*, noche porque es tipo de oscuridad, tiempo de confusión, de caos, desorden.

Jacob toma dos acciones: primero, se levanta aquella noche. Tomó todo lo que era suyo: esposa, hijos, sirvientes, animales y los hizo pasar al arroyo y se quedó solo. La otra actitud es la que te lleva a la meditación, a la oración. Vino un ángel de Dios y comenzó a luchar con él hasta que rayaba el alba. Muy importante, alba tiene que ver con amanecer, con claridad, despertar. El ángel lo tocó por un área de su cuerpo, a la que duele, que lastima y le pide que lo suelte. Jacob está decidido completamente a ser valiente, pero valiente como manda Dios, en Su orden perfecto. Jacob está tan listo para ver la presencia de Dios, tan decidido a buscar Su perfecta voluntad que no le importa lo que le duele, sólo quiere aprobación de Dios. Jacob le dijo al Ángel: *"No te dejaré si no me bendices".* *"¿Cuál es tu nombre?"* Debemos recordar que Jacob significa: usurpador, engañador, mentiroso, por todo lo que había hecho en el pasado, a lo que él le contesta: *"me llamo Jacob".* *"Nunca más se dirá tu nombre Jacob, sino Israel, porque has luchado con Dios y los hombres y has vencido".*

Aquel hombre que aún tenía todas las posesiones y reconocimientos, los cuales había adquirido con engaños y mentiras. Andaba de noche, en oscuridad, es decir, estaba caído. Jacob en su curiosidad le pregunta al ángel por su nombre, el ángel le deja ver que eso no es lo importante, sino que ya lo importante había llegado, ya había luchado con el ángel y había vencido. Jacob reconoció que humanamente lo había dañado todo, por lo cual no había paz en su vida, pero decidió ser valiente y encontrar su bendición. El llamó a aquel lugar Peniel que quiere decir: *"vi a Dios cara a cara y fue librada mi alma"*. Comenzó a caminar lleno de dolor físico por la lucha, pero completamente lleno del gozo y de la presencia de Dios. Al final cuando había pasado Peniel salió el sol, tipo de presencia de Dios, de buscar lo justo, lo perfecto, el orden que Dios aprueba, la gracia de Dios, porque cuando el Espíritu de Dios se mueve sobre ti tú eres un hombre transformado y lleno de santidad.

¿Te atreves ahora a ser valiente? Si Jacob pudo, ¿quién dice que tú no puedes? Analiza si te sientes caído, si sientes la necesidad de levantarte, si sientes que hay alguna oscuridad en tu vida, entonces ¡llegó tu momento!

Recuerda: el reino de los cielos se hace fuerte y solamente

los valientes lo arrebatan.

Cap. 7: La Bendición está en Descender.

Estamos tratando de que a través del seguimiento de este libro, encontremos las palabras claves, las remas escondidas, para descubrir los secretos que están preciosamente reservados para los que toman la decisión de descubrirlos. La Biblia nos enseña que todo el que busca encuentra y que todo el que pida se le dará. Entonces es cuestión de rebuscar como el hombre que salió al campo y encontró un tesoro. Al descubrir ese tesoro y cultivarlo, fueron muchos los demás tesoros que pudo seguir acumulando. Si leemos la porción que se encuentra en **San**

Juan 5 encontraremos la enseñanza que Jesús nos dejó a través de los milagros que ocurrían allí en el pozo de Betesda. Por allí caminaba el maestro cuando se encontró con el pozo de Betesda, que quiere decir misericordia. Jesús observa que allí hay cinco pórticos y que en cada pórtico yacía una multitud de enfermos, ciegos, paralíticos, sordos, todos ellos esperaban que ocurriera un milagro que ocasionalmente sucedía allí. Bajaba un ángel de tiempo en tiempo y removía las aguas del pozo, y todo aquel que bajaba a las aguas, mientras eran removidas, quedaba sano de su enfermedad.

Había allí un hombre que por 38 años había estado postrado de su enfermedad. Jesús, viendo la imposibilidad del hombre para entrar en las aguas, crea una circunstancia en que se acerca y le pregunta *"¿Quieres ser sano?"* Él le contesto: *"Señor no tengo quien me meta en las aguas, cuando intento entrar otros llegan primero que yo"*. Jesús le dijo: *"Levántate, toma tu lecho y camina"*.

Es importante que aprendamos acerca de nuestras limitaciones. Mientras más victimizados nos sintamos, menos podremos lograr. Lo hermoso de esto es que Jesús sabe dónde estamos ubicados. Este fue un ejemplo extraordinario para reconocer cómo Jesús trata con nuestros impedimentos. Era obvio que este hombre nunca iba a llegar a sumergirse en las aguas, pero Jesús crea una circunstancia para él. Fue directamente a donde él estaba y le suplió dándole la ayuda que necesitaba.

Tú y yo hoy no tenemos que esperar que se remuevan las aguas, no tenemos que esperar al ángel cuando baja a removerlas, las aguas están siendo removidas desde que vino Jesús. Ya ese trabajo de esperar por el ángel no es necesario, pero sí es importante reconocer que las aguas están constantemente siendo removidas, para todo aquel que tenga la necesidad. Creo que el Espíritu Santo, permanentemente nos hace conscientes de esa realidad. Jesús está con los brazos abiertos esperando que descendamos a sus pies. Para poder vivir primero tenemos que morir, para lograr nuestra salvación. No importa cuál sea tu enfermedad: si emocional, física, espiritual, relacional, financiera, de trabajo, sea lo que sea. No temas llorar, para soltar los cantaros de dolor.

Amigo lector, te invito en este momento a repasar algunas experiencias que, quizás, hayas tenido en tu vida. Experiencias de esas que te hacen sentir como si tú fueras la única persona que sufre en el mundo. Te sucede que empieza el día y llega la noche, que intentas dormir pero aparece el dolor de algo que puedas estar viviendo, o que simplemente no encuentras respuestas a tus cargas y hasta podrías pensar: "*¡Dios me ha dejado solo!*" y es precisamente ahí donde te quiero llevar. La tristeza te puede llevar a la victimización, y eso es lo menos que tú necesitas. Tienes que implorar delante de Dios para que puedas anular y cancelar los pensamientos tóxicos o enfermizos que se producen en tu mente.

¡Recuerda, no puedes decir que no tienes poder para cambiar esa forma de pensar! Tú eres autor de todos tus pensamientos, aun los que pone el enemigo, tu puedes echarlos fuera. ¿Has pensado alguna vez en poner en práctica tu fe, cambiando tu lamento en baile? ¿Alguien te dijo alguna vez que el dolor te acerca más a Dios y te hace más fuerte? O quizás, ¿nadie te ha dicho que mientras más grande sea tu dolor puedes sentir más cerca de ti la presencia de Dios? Todo eso es posible, si puedes creer.

¿No te has puesto a pensar que el dolor es parte del proceso donde Dios está trabajando contigo? Él es el alfarero por excelencia y Él hace de nosotros su barro la vasija perfecta, o sea, ese hermoso vaso de honra. En conclusión, se trata de revisar tu estado de pensamientos.

Si te pones a analizar esos pensamientos que te lastiman, entonces no estás pensando en la forma que Dios te dice que debes de pensar. Muchas veces le damos terreno al enemigo, cuando apartamos la mente de Cristo, entonces se activa la mente negativa. Recuerda la porción bíblica que te habla de que somos vasijas de barro donde se ha depositado el tesoro llamado Jesús. Por eso Él necesita que tú Le autorices hacer esa vasija en tu corazón, para Él depositar en ella su propia gloria.

Él prometió cuidarnos y así es, no lo dudes. Tú

tienes que tener presente que estas siendo procesado, Dios quiere terminar lo que al principio vio terminado. Esto es casi un juego de palabras, pero el amor de Dios es tan grande por nosotros que apenas lo podemos entender. ¡Claro que Él sufrió por nosotros para darnos la eternidad que habíamos perdido! Ahora Él demanda que simplemente nos rindamos en sus manos para trabajarnos, rediseñarnos, y revestirnos de su propia hermosura.

Es que duele, parece que perecemos en el camino, es que a veces el llanto es tan fuerte, que nos nubla la misma musa. Te daré un consejo: la mejor musa es la que sale del fondo de tu corazón saturado de llanto, no porque Dios disfruta tu dolor, sino que está dándote la oportunidad de parir. Suelta todos esos cantaros del pasado, tíralos y no los pienses mucho, si quieres entrar en la tierra que fluye leche y miel, debes dejar las ataduras del pasado, tipo del viejo hombre. Aquí tienes que ser transparente con Dios.

Él dice que todo aquel que pierde su vida por mi causa, ese la ganará. Si te han hecho llorar, huir, sufrir, correr, sentir miedo, si sientes desconfianza acerca de otros por la tristeza o engaños del pasado; entonces este capítulo es para ti. Cuando sueltes los cantaros del dolor que has llevado encima, entonces sentirás el descanso de tu cuerpo, alma y espíritu. Anímate a correr y a estar más cerca de Dios, y allí también llorarás. Las primeras lágrimas o llanto serán producto de todo el dolor que llevas dentro. El segundo llanto será de gozo, de arrepentimiento, de agradecimiento al Señor por el proceso donde estableció tu vida; ahora podrás entender que estás entrando en la tierra que te prometió el Señor, tierra de riquezas, de gozo, paz, armonía, gozo divino. Verás Su gloria depositada en esa vasija de barro que el Artesano creó en ti.

Cap. 8: El Milagro en la Palabra Declarada.

¿Estás consciente de las palabras que a diario tú hablas?, de ser así, entonces estarás consciente del nivel de vida que llevas. Si hablas con el lenguaje de los hijos del Reino, si tus palabras las dice conscientemente de acuerdo a la voluntad del Señor, entonces eres un ganador. La biblia dice: *"Bienaventurado el varón que no se ha sentado en sillas de escarnecedores......."*

Toda persona que decreta, afirma, o declara palabras, consciente de lo que dice Dios acerca del hablar, vivirá una vida de éxito delante de Dios. Porque

exactamente lo que habla ocurrirá. Si no hemos recibido

una rema de esta palabra y en cambio hablamos negativo,

o declaramos maldición para el otro, todo lo expresado

regresa como brisa huracanada con fuerza y poder para

destruir, y esa destrucción será relativa al mismo nivel de

cómo lo expresamos. Por eso este libro viene lleno de

algunas correcciones y exhortaciones que no nos gustarán,

pero las planteo por la voluntad de Dios, no porque quiero

hacerlo. Estoy escribiendo bien tarde de la noche por no

olvidar darte algunas claves para el éxito de lo que a diario

debemos comunicar.

Hay una lección extraordinaria en **San Juan 4** donde

el Señor está enseñando a la mujer Samaritana la importan-

cia de recibir el agua que Él le estaba prometiendo. Pero lo

grande que pasa en el corazón de aquella mujer, que las

expectativas de la vida que ella tenía, eran recibir rechazo de todo el mundo y en todas partes. Esta mujer quiso convencer a Jesús de muchas formas de que ella tiene una esperanza que le será dada al final de los tiempos, promesas de su padre espiritual Jacob. Pero de repente se hizo en ella rema el valor, el poder, el fruto, el resultado de la palabra decretada cuando dijo: *"Señor, dame esa agua"*, no dijo: **"de esa agua"**, pues ella sabía que la mirada que le estaba penetrando en ese momento, la estaba cambiando, estaba casi lista para soltar el cántaro que por años la venia destruyendo. *"Señor, dame esa agua, para que no tenga yo sed, ni venga aquí a sacarla"*. Ni buscar el agua, ni ir a aquel lugar que no era bueno para ella.

Aquel era el sitio de la acusación y la murmuración hacia ella, quizás el lugar menos deseado, pero tenía que ir siempre porque sin agua se hubiese muerta. Ella decretó, dame esa agua para no venir aquí nunca más. Dios le concedió lo que pedía. *¿No te he dicho que si crees verás la gloria de Dios?* Todo lo que pidas creyendo y no dudando en tu corazón, te será hecho. ¿Cuántos nos hemos visto en aquel pozo, cuántos quizás hemos tenido las mismas confrontaciones o algo parecido? No sólo el sexo es lo relacionado al pecado; todos los que saben hacer lo bueno y no lo hacen, ya están pecando, ninguno de los que no Le permiten al Amado penetrar con Su perfecto y puro amor, podrán entender ni deshacerse de tantos cantaros saturados de golpes, dolores, maldades y pecados.

Yo sé que vendrá el Mesías. Él nos revelará todas las cosas. Poderosa palabra le declara el Señor: "*Yo Soy, Él que habla contigo"*. Todos necesitamos esa declaración divina, esa afirmación de lo que estamos recibiendo; eso, sólo eso, a partir de ese momento, fue suficiente para ella soltar su cántaro. Allí fue derribado el mayor enemigo de la mente, la acusación. Ella demostró no sólo a Dios, sino también a sus enemigos, a los que la murmuraban que ella era libre, que ella compartía con ellos lo mejor que había pasado en su vida, el amor del Dios eterno, aquel que había transformado su vida, después que ella soltó su cántaro. Suelta y declara: *"Si Dios es conmigo, nada contra mí"*.

Consejos para los Solteros.

Si usted no es casado, su meta principal ahora mismo debe ser vivir soltero. La soltería ha sido un concepto muy mal entendido siempre. Si usted no sabe vivir feliz y plenamente su soltería, usted no está listo para vivir una vida de casado. Si usted no es feliz por sí mismo, no espere casarse para que el otro le haga feliz, o simplemente para usted hacer feliz a su compañero. Ese es el mayor error que podamos cometer.

El diseño original de Dios es que usted sea original y auténtico, que seamos maduros, responsables, capaces de desarrollarnos al máximo como personas. Que no tengamos que esperar a unirnos a alguien para ser felices. Tienes que ir feliz a la relación, para compartir tu felicidad que cada uno se sienta feliz, ese es el plan o diseño de Dios

Cuando usted sabe manejar su soltería y ser feliz, usted llegará a la relación no para ser un tirano o aceptar que ejerzan tiranía sobre usted. Usted debe vivir a la altura de lo que Dios dice. Viva a plenitud su soltería sin tener la necesidad de pensar que solo con un compañero sería feliz. Soltero quiere decir estar totalmente uno, separado, único y completo. Antes de irse a la vida de casado, demuéstrele a Dios que encontró el propósito de su vida en esa temporada de soltero. Ahora podrá usted madurar la idea de estar listo para entrar a la vida de casado. Aprenda a ser soltero, separado y único, entonces está siendo preparado para la próxima etapa.

Nadie ha dicho que casarse es resolver la soledad del otro. Es cierto Dios dijo en **Génesis 2:18** *"no es bueno que el hombre esté solo"*. Para no estar solo debes rodearte de otras personas. Cuando Adam estaba solo con Dios, no estaba reconociendo eso, él estaba feliz con la compañía de Dios. Muchos se casan buscando sentirse bien con el otro y hoy están rogando por divorciarse, simplemente no estaban seguros como individuos y buscaban la seguridad o confianza que les ofrece el otro. Si los solteros buscasen día a día consumirse en Dios, para no distraer su mirada en buscar a ese compañero; Dios se encargaría de buscar esa añadidura sin que lo estés imaginando. Si no tenemos una identidad total con Cristo, claro que llegará esa necesidad de buscar a esa otra persona.

Si escoges a alguien por presión religiosa, o falta de espiritualidad, o frustración en el amor, simplemente estás engañando a Dios y a ti mismo, porque tu soltería no es tuya, le pertenece al Señor y debes vivirla para Él. Porque ya no somos dueños de nosotros mismos, somos de Cristo. Fuimos comprados por precio de sangre, Él te envió a la tierra a cumplir un propósito. Mientras estés soltero, pídele que te permita entrar en esa dimensión de casado en su orden. Si no estás preparado para ser soltero, tampoco estás preparado para estar casado. De acuerdo al plan de Dios casarse es para nunca divorciarse, eso de divorcio lo hace el hombre.

En conclusión: el matrimonio es más que un contrato legal para dormir juntos, compartir la familia y los gastos financieros. El matrimonio es la unión de dos almas en donde existe la sumisión, la convicción, valores, y las bases espirituales y morales. Si las almas no comparten, intrínsecamente podrían terminar en el fracaso. En este aspecto en lo personal yo cometí los mayores errores, ya aprendí, y por eso lo comparto hoy contigo. La Biblia dice que usted está casado para concebir hijos, no para ser un mentor. Muchas madres piensan que tener un hijo de soltera es algo que agrada a Dios, no, no es así. La luz y las tinieblas no pueden estar juntas. ¿Caminarán dos juntos si no estuvieren de acuerdo? Usted necesita esperar por completo en la bendición que Dios te tiene reservada. Claro, ya existe, tiene nombre y apellido, pídele a Dios que empiece a guardarlo para ti, simplemente el milagro ocurrirá.

Consejos para los casados.

Como todos sabemos los diseños del hombre y la mujer son totalmente diferentes, pero listos para armonizar de una manera perfecta si se unen de acuerdo al plan de Dios. Cada cónyuge debe tener como meta que al unirse haya un compromiso tal que primero se sienta bien feliz, y sobre todo dispuesto a hacer feliz a su cónyuge. Si el plan de Dios está en el centro de la relación, el éxito es asegurado, de no ser así, habrán abusos y fracasos. Si usted ha entendido el propósito de Dios de que sean una sola carne, entonces has encontrado el propósito de Dios en la relación matrimonial

Génesis 2:24: *"por lo tanto dejará el hombre a su padre y a su madre, se unirá a su mujer y serán una sola carne"*. Así de sencillo. Si ambas parejas conocen la palabra y están siguiendo el plan de Dios en sus vidas, se augura un éxito total en la relación. De lo contrario, es como adquirir un efecto electrónico caro y sofisticado, si pierdes el manual, no podrás disfrutar de tu compra o tu nueva adquisición. Les hablo de esto porque simplemente en lo personal lo hice mal, nunca de acuerdo al propósito de Dios, por eso se come del fruto del divorcio y del fracaso en relaciones así. Ejemplo, si usted pone las opiniones de sus padres o familia en primer lugar, usted estaría listo para comer del fruto de un divorcio. Estaría en contra del plan de Dios. Y dejará el hombre.... Y así sigue la lista.

El sexo no es el resultado físico de una relación, debe ser la entrega total y espiritual del uno al otro donde se funden en una sola carne, como dijo Dios. Si nos lanzamos en una lucha cabal contra la voluntad de Dios, estaremos dando golpes al viento y el fracaso viene de camino. Dios nos hizo para su propósito y para nuestro beneficio.

La función del esposo de acuerdo al plan de Dios es: adorar, trabajar, cultivar y enseñar, apoyar. Cuando el hombre entra en esa disposición porque lo manda Dios, la mujer que es para ayudarle, se entregará sin límite y cumple con el propósito de Dios. Si las parejas tienen agendas diferentes y no caminan juntos y de acuerdo, estarán divididos. Todo reino dividido contra sí mismo, quedará asolado. Toda ciudad o familia dividida contra sí misma, no quedará en pie.

Un verdadero hombre cuida primero de su mujer y de sus hijos antes que de sí. Si Dios dijo al hombre que cultive no es sólo la tierra, debe cultivar a su mujer. La Biblia dice que la mujer es la gloria del hombre. **1 Corintios 11:7** El hombre es el sacerdote, debe reflejar la imagen de Dios. Si cumpliéramos con esos propósitos como manda Dios, hubiesen tantas familias ejemplares en la tierra.

Lo más bello de todo es que Jesús restaura las relaciones rotas o disfuncionales. Gracias a Dios no todo está perdido. Seamos valientes derribando las barreras que han roto o lastimado nuestra relación. Vayamos al Perfecto, pidamos perdón y Su intervención, ocurrirá el milagro. Cada uno de ustedes ame a su esposa como a sí mismo; y la mujer respete a su marido. Una mujer amada y respetada estará siempre entregada a su marido. Si el esposo tiene una idea sencilla y la presenta a su esposa, esta le dará una gran idea y también desarrollará el plan. Dios lo hizo todo bello y hermoso pero a su tiempo. *Maridos, amad a vuestras mujeres y no seáis ásperos con ellas.* Mujeres: le da ella bien y no mal todos los días de su vida, ¡esa es tu función, mujer!

Filipenses 2:5 Hayan, pues, en vosotros este mismo sentir que hubo en Cristo Jesús. Todo lo que debemos hacer es revisar la palabra de Dios, el manual; si así lo hacemos entraremos en una armonía perfecta como le ha agradado a Dios desde el principio. Si los esposo tienen la misma actitud que Jesucristo, la relación estará basada en amor, sacrificio y perdón. ¡Te deseo el mejor de los éxitos en tu matrimonio!

Cap. 9: ¿Por qué a mí me ocurren Tales Cosas?

Este es un capítulo muy controversial. Aquí hablaremos acerca de cómo soltar situaciones que ocurren en nuestra vida, que nos hacen sentir culpables, tampoco entendemos por qué ocurren. Es muy cierto que nuestras vidas parecen estar llenas de dramas, episodios, historias y experiencias que la mayoría de las veces no conocemos el origen.

Cuando se trata de usar la fe para soltar los cantaros, también se trata de que hay cosas que analizadas humanamente no tendrían sentido. ¿Quién dijo que la fe se puede explicar de acuerdo al intelecto o a la mente humana?, no dice la Biblia que el ocuparse de la carne es muerte?, pero que el ocuparse del espíritu es vida y es paz. Nunca ocurrirá que por más inteligentes que nos creamos ser, vamos a poder entender o analizar las cosas de Dios de manera natural. Sólo por el espíritu se analizan las cosas del espíritu.

Siento un fuerte impulso para hablar acerca de por qué nos ocurren cosas. A veces nos vamos a la tumba, a la eternidad sin entenderlas. Te hablaré un poco de mi propia vida. Esta es la tercera semana de estar en recuperación, después de una cirugía cervical. Por más de un año padecí de un fuerte dolor en el hombro, fui operada y en vez de mejorar el dolor, me afectó el cuello produciendo un dolor indescriptible. Los médicos preguntaban: *"¿del uno al diez cómo es tu dolor?"* Yo les decía *¡quince!* Es decir, una

exageración para indicarles la magnitud del dolor que

padecía. Después de muchos laboratorios y estudios se

determinó que tenía una condición en la cervical que

oprimía el cordón que pasa por la espina dorsal, por lo que

una caída, o un impacto en carro o avión podía dejarme

paralitica al instante o simplemente podía morir. Dice el

doctor que muchos pacientes con esta condición no sienten

dolor y por lo tanto sólo después de quedar paralíticos o al

morir se podría determinar la causa. Mi fuerte dolor me

llevó al doctor y ahora estoy esperando mi recuperación,

después de una larga y delicada cirugía.

¿A qué viene todo esto? Pues yo misma le decía:

"Señor, ¿cómo a mí? Yo predico y enseño la sanidad que

nos diste en la cruz del calvario, sanidad de cuerpo, alma

y espíritu." Entonces al buscar la presencia del Señor, al inquirir delante de Él pude entender que ¿quién soy yo

para estar libre de pruebas y proceso?, al igual que a otros

siervos de Dios. Quizás a mí también el enemigo quiso

lastimar para ver hasta donde sigo declarando la sanidad

que Dios nos dio, aunque no fui justa como Job. Fui

confrontada con mis exigencias como pasó con Él. Era un

siervo que no había pecado, considerado justo por Dios,

respetado y destacado por su fidelidad delante de Dios, el

mismo mundo le rendía pleitesía a este hombre por las

grandes obras de misericordia. Sus hijos, sirvientes y

todos reconocían de la obra misericordiosa de este hombre

de Dios en la tierra. Como conocemos la historia, al

enemigo de las almas de Dios se le ocurrió zarandearle,

lastimarlo, probarlo, para demostrarle a Dios que Job

fallaría en su fe.

Su propia esposa, sus íntimos amigos, todos, se

burlaban de él y hasta dudaron de si en realidad este hombre era fiel a Dios. En todo tiempo bendijo su Dios. Él decía: *"Dios dio y Dios quitó, sea su nombre glorificado"*. Job abandonado y dejado solo, hundido en su dura prueba y la amargura, en su carne decía: *"De oídas te había oído, mas ahora mis ojos te ven, por lo tanto, me aborrezco y me arrepiento en polvo y ceniza."* También decía, en medio del dolor y la desesperación: *"yo sé que mi Redentor vive y aún del polvo me levantará"*. Ahí está, esa es la determinación por excelencia. Aquel que te creó, te envió a la tierra, te estableció, te está procesando, también tiene la palabra final. Sólo créele a Él y el milagro será hecho. Aquel hombre justo soltó toda su carga por fe en Dios. Aquel hombre derrotado, desbaratado, en su propia miseria humana, dijo: *"y después de deshecha esta mi piel, en mi carne he de ver a Dios; al cual veré por mí mismo, y mis ojos lo verán, y no otro, aunque mi corazón desfallece dentro de mí".*

Hermanos y amigos los hijos del Señor tenemos que ser probados. Mientras este hombre exterior a diario se desvanece, no obstante el hombre interior se va fortaleciendo, perfeccionando en Cristo Jesús. Nos vamos pareciendo al Maestro, pero este hombre caído, parte del planeta humano, está lleno de imperfección como consecuencia del pecado original. Cuando el hombre fue sacado del paraíso y cayó en la tierra, ya Satanás tenía establecido aquí su reino, gracias por el rescate de Jesucristo, gracias por ese sacrificio de Jesús siendo el mismo Dios en la cruz del calvario. Aunque hemos sido salvos por Cristo Jesús. Aunque ya somos eternos, aún el Reino de Dios está en medio nuestro, hay aguijones, que nos atacan, hay enfermedades que el enemigo nos manda para que tiremos la toalla. Recordemos el mejor ejemplo de fe y fidelidad a través de Job, nunca, nunca se rindió, siempre esperó confiadamente en Dios, el cual le exaltó en gran manera en aquel día.

¿Te acuerdas de aquel día cuando se levantó Jacob? Tengamos esa fe genuina que nos ha dado el mismo Dios para que podamos perseverar. Entonces ¿por qué a mí me ocurren estas cosas? Porque no somos una excepción en el Señor. Todos los hombres de Dios, grandes y pequeños, han tenido que ser probados, porque la fe que aguanta el fuego vale mucho más que el oro. Porque si hemos creído que El murió y resucitó, también debemos creer que hemos resucitado con El y que seremos glorificados en aquel gran día. Hasta tanto no alcancemos la perfección, no estaremos exentos de ser probados en la tierra.

Pero el creyente no vive por lo que ve u oye, sino

por lo que dice la palabra de Dios, la cual establece que viviremos con Él por los siglos de los siglos, y que seremos glorificados como Él, para poder estar a Su lado por la eternidad. Así como Él es puro, nosotros tenemos que purificarnos, así como Él es santo, tenemos que santificarnos. Desde esa perspectiva de fe, podemos entender entonces que el ser probado, es un privilegio delante de Dios.

Lo importante es que Dios permita la prueba y no que alcancemos castigos y sufrimientos por nuestros propios pecados. Porque todo lo que el hombre siembra, eso también segará, psicológicamente a eso le llamamos causa y efecto.

Cap. 10: Todo está Bien, aunque Veas otras Cosas...

Te invito a que caminemos juntos por esta trayectoria de la vida donde tendríamos que cerrar nuestra mirada ocular para darle rienda suelta a la mirada espiritual. La historia que quisiera relatar en estos momentos nos enseña de manera muy particular la importancia de soltar las cargas que a diario llevamos. De ahí la importancia de soltar los cantaros. Hay personas que lo hacen de manera tan directa y particular como lo hace la protagonista de la historia que a continuación te voy a contar.

Se trata de una mujer de la sociedad de aquella época, muy solicitada, que invitaba a su casa a Eliseo, el profeta de Dios quien con frecuencia pasaba por aquellos lugares. Esta rica mujer le pide a su marido preparar un cuarto más acogedor para que este hombre de Dios no sólo entrara a comer sino que también pudiera descansar cómodamente durante la noche cuando por allí estuviese. El profeta de Dios, más que agradecido, le dice a su siervo: *esta mujer debe ser bendecida por Dios, ¿qué le faltará para dárselo?* Por lo que el siervo le pregunta a la mujer en qué puede el profeta bendecirla, a lo que ella responde: *"soy una mujer muy bien relacionada, lo tengo todo, nada me falta."* Pero el siervo del profeta identifica que ella no tiene hijos y se lo comunica al profeta, quien rápidamente le dice a la mujer: *"el año que viene, para esta época, estarás abrazando a un hijo tuyo".* Así mismo ocurrió. El niño ya crecido, jugaba en el patio y sintió un fuerte dolor de cabeza, el padre lo mandó a llevar a su madre y por la tarde murió. La mujer, triste, se levanta, pide a su siervo preparar la montura y acompañarla, pero que no la interrumpiera durante su trayecto. El profeta Eliseo la ve llegar de lejos y manda a sus sirvientes a preguntarle: *¿cómo te va? ¿Y con tu esposo? ¿la familia?* Ella responde: ALL IS WELL. *Todo está bien.* Ella insiste en llegar hasta el profeta, se pone de rodillas frente a él y le dice: "*¿pedí yo hijo a mi Señor?*". Eliseo, profeta de Dios empieza el proceso de orar e intervenir por un milagro. El criado obedece y se va a casa de la Sunamita e hizo lo que dijo el profeta pero el niño no resucitó. Vino directamente el profeta, entra en el cuarto, el cual era el que se le había preparado para descansar cuando pasaba por allí. Se tendió sobre el niño, cabeza con cabeza, el niño no despierta. Oró, meditó, y volvió a tenderse encima de él y el niño estornudó siete veces y abrió sus ojos, y una vez ocurrido esto el profeta se lo entregó a la Sunamita.

Podemos pensar que esta mujer no tenía una relación con Dios, puede ser que tuviera un poco de fe, pero no la practicaba, pero sí sabía que este hombre, el profeta, un hombre de Dios, representa a Dios en la tierra y ella quería honrarlo, porque al hacerlo sentía agradar al Hacedor de maravillas. Muchas veces no sabemos acercarnos a Dios por un milagro, pero si sabemos acercarnos a él que vive esa fe, que no hemos experimentado, pero que en el corazón la deseamos. La mujer de esta historia reclama al hombre que algo que era imposible para ella él había obtenido por intercesión delante de Dios. Ahora había una gran necesidad, la cual es imposible de lograr en la tierra, por eso ella acudió al hombre que tenía fe hasta en lo imposible, quien oró a Dios, y ocurrió el milagro que el dinero y las relaciones que ella tenía, no le hubiesen podido hacer posible.

Una vez más amigo lector, pongámonos de acuerdo, como dice la palabra de Dios, que si dos o más se ponen de acuerdo para pedir algo en la tierra, lo recibirán. Si tienes algo que te oprime, una carga que nunca has soltado, algo que te victimiza y te hace sentir que solo a ti te ocurren esas cosas; ahora es el momento de que oremos juntos y toda carga caerá, todo cántaro se soltará y serás realmente libre. Repite conmigo: *Señor Jesús, vengo humillándome delante de tu presencia y te pido perdón. Por años he llevado y sufrido por la opresión de esta carga que nunca pude soltar. Hoy decido hacerlo en el nombre de Jesús y creo que eres más que suficiente para hacerme totalmente libre. Creo que recibí esa liberación y te doy gracias una vez más, en el nombre de Jesús. ¡Amen!*

Cap. 11: Sanidad Interior

Entierra tu pasado, ya no te pertenece. ¿Por qué necesitamos sanidad interior? Porque venimos a Cristo atados por el pecado del pasado, debemos entonces ser limpiados y purificados para poder amar como manda el Señor.

¡Si pudiéramos todos pensar así! Si tan sólo recibiéramos revelación de la palabra cuando dice, que si Él murió nosotros también morimos. Y si Él resucitó nosotros también resucitamos con Él. Añade la palabra que estamos sentados en los lugares celestiales en Cristo Jesús. Aquel que resucitó nos resucitará con Él en gloria, mientras tanto la fe nos dice que estamos sentados en los lugares celestiales. Creo que es un gran reto reconocer lo que ha hecho nuestro redentor. Si sabemos que Él presenta nuestro final con una victoria total, entonces tenemos que cuidar nuestras vidas, crecer día a día en santidad para que nuestra perfección espiritual no se detenga.

Muchas se olvidan de que es necesario soltar el cántaro que está repleto de un pasado doloroso y triste. Podrás liberarte, recibir sanidad interior, podrás caminar y disfrutar la luz del día, podrás recibir la noche sin miedos ni temores, podrás ver los colores de la naturaleza e inspirarte y escribir poemas, canciones, libros, cantos; surgirá de tu interior la nueva criatura por la cual Jesús murió..

Cuando sientas la Sanidad interior también

podrás:

- Ser sano de todos los recuerdos y experiencias tristes

- Podrás recordar el pasado sin dolor

- Tu pasado ya no será una carga o un conflicto

- Disfrutarás tu presente como manda Dios:

abundantemente

La sanidad interior tiene que ver con cuatro áreas

marcadas:

Pecado, heridas del pasado, la herencia y el ocultismo.

Todos tenemos un hombre carnal y un hombre

espiritual. **Romanos 8:7-8** *"Por cuanto los designios de la carne no pueden agradar a Dios, mientras que los que viven según el Espíritu, esos si pueden agradar a Dios."*

Todos nacemos en pecado, por el hecho de ser parte de este mundo fuimos destituidos de la gloria de Dios.

Claro, los que hemos recibido al Señor como nuestro Salvador estamos salvos. Pero primero tuvimos que arrepentirnos para ser redimidos por Dios.

No podemos ignorar que arrastramos pecados que son generacionales, es decir que han pasado de generación en generación, que son las iniquidades de la cual tenemos que arrepentirnos, desligarnos y proclamar las promesas por ser nuevas criaturas. No obstante, arrastramos con nosotros: rechazos, baja autoestima, violencia, odio, ira, rencor, envidia, victimización, y podemos seguir añadiendo a la lista por horas y días.

Los niños nacen, heredan, crecen, aprenden, desarrollan, proyectan, imitan conductas de los antepasados, de los padres, hermanos, maestros, curas, pastores, entorno, ambiente; en todos estos medios las áreas de nuestra personalidad se van deformando de manera disfuncional, consciente o inconscientemente van implementando todo eso que hoy la sociedad castiga en nosotros. Sobretodo Dios, no puede penetrar con su Amor, si no tomamos la responsabilidad de limpiar nuestro interior para que entre y more sólo Él. Recordemos que lo santo y lo profano no pueden estar juntos.

Sanar las heridas es tipo de: sanidad interior y si no lo hacemos seremos personas amargadas, desconfiadas y totalmente desbalanceados y disfuncionales. Esas heridas no sanadas producen: miedos, auto desprecio, auto compasión, baja autoestima, angustias, depresión, estrés, ansiedad, fobias, desarrolla los traumas de la infancia o de adultos. Se altera la personalidad y el carácter de la persona, al extremo de hacerles desbalanceados en las emociones o con desorden en la personalidad.

¿Qué es un trauma?: es una experiencia que deja una

herida, una huella que fragmenta el interior de la persona.

¿Qué es abuso?: el Espíritu de abuso el individuo intenta terminar con la persona en su plenitud para que se convierta en un ser negativo, físicamente, verbal, emocional, espiritual, sexualmente y podemos seguir añadiendo a la lista.

¿Qué es rechazo?: es la ausencia de Amor significativo, no siente aceptación incondicional, despierta muy baja autoestima, y busca aceptación interminable y disfuncional o enfermiza. Una persona rechazada no sabe recibir amor, pero tampoco puede darlo.

El rechazo puede ser abierto o cerrado.

Abierto:

- No eres bueno para nada, no serás nadie en la vida, deberás aprender de tus amigos, no sé para qué NACISTE en este mundo……

Cerrado: No es la intención de los padres, pero ocurre

por: divorcio, quedarse huérfanos, vivir con parientes, no con los padres, la muerte de los padres o seres amados. El rechazo trae consecuencias como: temor a fracasar, indecisiones, busca perfeccionismo, complejo de inferioridad, busca aceptación. **Proverbios 23:7** porque tal cual es su pensamiento en su corazón, tal es él. Si la persona ha llenado consciente o inconscientemente su corazón de rechazo, sale rechazo de su corazón, proyecta todo lo mencionado y mucho más.

El sentimiento de inferioridad produce una imagen distorsionada que nos convierte en personas orgullosas, falsas, mentirosas, con falta de humildad, chismosos. Nos impide ser felices, seguir adelante, y nos hace inseguros. También produce miedo a la autoridad. **Lamentaciones 3:40:** *"examinemos nuestros caminos y escudriñémonos y volvámonos a Dios."*

Habiendo entendido la importancia y la necesidad de la sanidad interior, entonces podremos conocer que ésta es el proceso de santificación y purificación del alma, mediante la cual somos liberados y sanados del pasado doloroso, causado por pasadas heridas.

Esas heridas laceran y distorsionan nuestros patrones de pensamientos para que no podamos gozar de la vida en abundancia que nos ha dado el Señor. Recordamos a **Lucas 6:37**: *"no juzguéis y no series juzgados; no condenéis y no seréis condenados; perdonado, y seréis perdonados."*

Esta palabra debe hacerse rema en tu vida hoy. **Hebreos 12:12-15** *"Por lo cual, levantad las manos caídas y las rodillas paralizadas; y haced sendas derechas* *para vuestros pies, para que lo sano no se salga del*

camino, sino que sea sanado. Seguid la paz con todos, y la

santidad, sin la cual nadie verá al Señor. Mirad bien, no

sea que alguno deje de alcanzar la gracia de Dios; que

brota de alguna raíz de amargura, os estorbe y por ella

muchos sean contaminados ".

Ahora te invito a una oración poderosa que
transformará tu vida, y podrás, soltar, aplastar y triturar al
enemigo que te ha venido engañando y oprimiendo para
que no alcances liberación, la cual es, el pan de los hijos.
Ora conmigo: *Señor Jesús, en este momento vengo delante*
de tu presencia y ruego por la sangre de Jesús que, una
vez más, laves los pecados de mi vida que están ocultos.
Pido perdón por mi pasado, por todo mi presente, suelto y
deposito en tus pies estas cargas del pasado que ya no me
pertenecen porque tú las tomaste con tu muerte en la cruz.

Ahora mismo decido renunciar y desligarme de esas

cargas que me impedían gozar de la vida en abundante

que Tú nos diste, aún no lo mereciéramos. *Gracias Padre*

Santo en el nombre de Jesús, Amén. **Salmo 139:13, v 15-**

16

Cap. 12: Suelta la acusación, recibe la Justificación.

Sabemos que el enemigo es el acusador de las almas, pero sabemos muy bien también, que Jesucristo es nuestro justo Juez que nos justifica. Nosotros vamos a ir experimentando nuestro proceso de cambios a medida que el Espíritu Santos nos revele la palabra que ha sido escrita, y leída pero su máximo entendimiento ocurre solo a través de la revelación.

El **Salmo 46:10** dice *"Estad QUIETOS y conoced que Yo soy Dios."* Si atesoramos esa palabra en el corazón por medio de la revelación, nuestras vidas empiezan a cambiar de inmediato entrando en ese perfecto reposo. Ya sabemos que Él es nuestro Dios, pero nos dice que reposemos, que no nos carguemos, que no nos desesperemos, sino que disfrutemos de su reposo, porque Él es un Dios grande y temible, Él pelea por nosotros. Él espera que le soltemos las cargas, los cantaros, las acusaciones y los tormentos mentales. Él ya venció y nos asegura que si le obedecemos y seguimos sus leyes y sus reglas, todo, todo, estará bien.

La palabra en **Romanos 8:28** nos advierte acerca de que si amamos a Dios, todas las cosas obran para bien. Si hemos sido llamados conforme a su propósito, vamos a entender esta porción, y constantemente la estaremos implementando en nuestro andar. **Eclesiastés 3:1** nos dice que *todo tiene su tiempo, y todo lo que se queda debajo del* *sol tiene su hora.*

Entonces en nuestras vidas se dan dos tiempos. El tiempo Crono, que es el tiempo de preparación en la tierra, es el medidor de nuestro tiempo incluyendo, siglos, décadas, anos, meses, semanas, días, horas, minutos, segundos…..este es nuestro tiempo en la tierra, aunque tú y yo, como parte de ese siglo, lo seguimos y nos ajustamos a diario en él. También sabemos que Dios está trabajando en nuestras vidas y eso nos llevará a la temporada o manifestación de su propósito para nosotros aquí en la tierra. Entonces soltemos las acusaciones del enemigo y enfoquémonos en el propósito de Dios. No habrá tiempo para sentirnos culpables o acusados.

El peso del gozo de saber que Dios nos ha justificado, nos dará las fuerzas de lugar para luchar con las acusaciones, soltarlas, anularlas y vivir sólo por la palabra. Cuando digo sólo por la palabra es porque si nos movemos y vivimos por el Espíritu, entonces sintamos sólo el gozo que produce el Espíritu. El problema está en que mezclamos las cosas, en Dios no funciona así, lo santo y lo profano no pueden estar juntos. Dios es Santo y todo lo que a Él rendimos tiene que estar en santidad.

La palabra te dice en Isaías 35:4-10

- Los ojos de los ciegos se abrirán

- Los oídos de los sordos serán abiertos

- El cojo saltará como siervo

- La lengua del mudo cantará

- Abrirá aguas en el desierto

- Torrentes en la Soledad

- En lugar seco, abrirá estanques

- El sequedal, manantial, de agua

- Será lugar de cañas y juncos habrá allí, calzada de camino

- Será llamado camino de santidad

- No pasará Inmundo por él

- Dios mismo estará con ellos

- El torpe, no se extraviará

- León ni fiera irá por él

Para que caminen los redimidos de Jehová, volverán y vendrán a Sion con alegría y gozo perpetuo sobre su cabeza. Tendrán gozo y alegría, huirán la tristeza y el gemir. Este es nuestro destino, el estilo de vida del justificado que aunque no haya experimentado todas esas promesas, de seguro se cumplirán. ¡Aleluya!

Es tiempo ya de no aceptar ningún tipo de acusación,

pero también es tiempo ya de vivir conforme a la voluntad del Señor. Viviendo por la luz de la palabra, el creyente en obediencia ya no debe recibir más acusaciones y derrotas del enemigo. El mismo nos llama su especial Tesoro. Debemos sentir como el salmista en el salmo 16. Él dice mis cuerdas me cayeron en lugares deleitosos y es hermosa la heredad que me ha tocado.

Algunos *tips* que te ayudarán a vencer las acusaciones y hacer tuya la vida de éxito que tenemos en Cristo.

- Llénate de la palabra de Dios, todo lo que hagas sea de palabras o de hechos, hacedlo en el Nombre del Señor.

- La oración, sin una oración diaria, no podremos conocer su voluntad, busquemos su rostro, discipli-
némonos en ello.

- Obediencia, cuando obedecemos damos evidencia
de que Él mora en nosotros, tenemos que ser luz,
Abraham obedeció a Dios y Él lo bendijo.

- Dar, es importante la práctica de dar, muchos en-
tregan el corazón a Dios pero no sus bolsillos. Una
manera de honrarlo es ofrendando, diezmando y
dando.

- Vida de servicio, cuando Jesús sanó a la viuda de
Pedro, ella se levantó, y servía a todos, descubrir
donde Dios quiere que sirvamos es muy importante

- Testificar, para testificar a otros debo de hablar,
compartir el testimonio, llevarles a otros la Esperanza que yo recibí.

- Estar en comunión, trata de buscar una Iglesia donde puedas consagrarte con otros. Donde puedas ir creciendo día a día hasta alcanzar la estatura perfecta que Dios quiere que alcancemos en Cristo Jesús.

Tienes la clave perfecta para caminar de triunfo en triunfo, de bendición en bendición. ¡Se acabó! No más tormentos emocionales o mentales por causa de las acusaciones del enemigo. Dios te reviste de su justicia, pone un manto de santidad, calzados de tejón y joyas en tu cuerpo; diadema en tu cabeza; produce el bien en tu boca y te rejuvenece como el águila.

Cap. 13: Cambia de Actitud

Como hijos de Dios tenemos que tener una actitud que nos caracterice día a día. El hijo de Dios siempre es un triunfador, es estar plenamente convencidos de a cual reino pertenecemos. El fracaso más grande que teníamos antes de venir al Señor, era pues saber que éramos candidatos del infierno. Todo aquel que no le sirve al Señor, le sirve al enemigo. Claro está, todos y cada uno venimos destituidos de la Gloria de Dios, pero Jesús vino al mundo para librarnos del infierno eterno. Si nosotros sabemos y creemos que todo eso es así, ya no podemos caminar como derrotados o, como un barco sin brújula, como nave sin destino. Tomemos la actitud de lo que El

Señor dijo que somos. Dice que somos herederos de Dios y coherederos con Cristo. El mismo quiso hacernos sus herederos. ¿Por qué entonces caminamos en derrota? ¿Por qué no asumimos en humildad y obediencia ese hermoso legado? Hijos de Dios, hijos del reino, decidamos cambiar de actitud, trabajar por mejorar nuestra autoestima. La actitud que presentas de inmediato mostrará la estima que tenemos de nosotros mismos.

Algunas ideas para mejorar nuestra actitud.

- No idealices a los demás, sed tú

- Valora, determina tus cualidades en todo lo que haces

- Conviértete en la persona que deseas ser

- Dirige tus pensamientos, recuerda, tu eres su diseño

- No busques la aceptación o aplausos de los demás

- Agarra las riendas de tu vida, el Espíritu Santo te guiará

- Enfrenta los problemas, no los retrases

- Aprende de los errores que has cometido

- Modifica tus comportamientos de acuerdo a la palabra de Dios

- No te exijas en exceso, te lleva a la obsesión

- Concédete el descanso, busca la Paz y síguela

- Acepta tu cuerpo tal como eres, Dios hizo todo bello y hermoso

- Cuida mucho tu salud del cuerpo, alma y Espíritu

- Disfruta el presente, el pasado es historia, Dios te perdonó

- Sé autosuficiente.

En Él estamos completos y no hay falta de ningún bien.

Recuerda que la autoestima es la imagen que tenemos

acerca de nosotros mismos, la cual ha sido formada por los

valores, enseñanzas, costumbres, principios que hemos

adquirido desde que nacimos. Fueron enseñados por

nuestros padres, familiares, maestros, entorno etc.

Estos consejitos te ayudarán a tener la actitud correcta

que agrada a Dios, y por supuesto a los demás. **Proverbios**

4 nos da una buena guianza para no sólo tener la mejor

actitud, sino para que logremos el mayor de los éxitos.

Dice el Proverbista:

- Retenga tu corazón mis razones

- Guarda mis mandamientos y vivirás

- Adquiere sabiduría

- Adquiere inteligencia

- No te olvides ni te apartes de las razones de mi boca

- No la dejes y ella te guardará

- Amala, y te conservará

- Sabiduría ante todo, adquiere sabiduría

- Sobre todas tus posesiones adquiere inteligencia

- Engrandécela y ella te engrandecerá

- Ella te honrará cuando tú la hayas honrado

- Adorno de gracia dará a tu cabeza

- Corona de hermosura te entregará.

Este es un lenguaje bello y debe ser usado para tener una actitud buena y triunfadora en la vida. Estamos claro que tenemos que adoptar esa actitud nueva que si lo hacemos en el orden de Dios, el Espíritu Santo nos llevará a experiencias gloriosas que nunca antes habíamos vivido.

Si tomamos en cuenta los consejos y nos movemos en ese caminar podemos estar seguros de que el éxito estaría tocando nuestras puertas para siempre. La vida cristiana es un estilo de vida, no pequeñas circunstancias. Aboguemos en fe para que esa sea nuestra realidad, entonces, y sólo entonces, implementaremos la actitud correcta que todos los hijos del Señor tenemos que vivir.

Cap. 14: Cuando Sueltes el Cántaro, Ocurrirá el Milagro.

Hay una palabra poderosa que todos deberíamos hacer muy nuestra. Esta es una de las primeras remas que yo recibí en mi vida cuando con anhelo buscaba día a día como conocer más de Dios. Creo que me fue revelaba en alguna predicación de una Iglesia que visitaba. El oír o escuchar de las poderosas promesas que nos espera si ponemos en práctica la palabra de Dios de acuerdo a **Deuteronomio 28**. Creo que es impactante y esperanzadora esa palabra que debemos detenernos y escudriñar acerca de la misma.

Acontecerá, es la primera condición donde debemos apoyarnos para ver hacia donde nos conduce. Que si oyeres atentamente la voz de Jehová tu Dios para guardar y poner por obra todos sus mandamientos que yo te prescribo hoy. Sólo analizar estas palabras nos prepara y nos acondiciona sobre lo que pasará. Es decir si tú decides oír atentamente, la voz de Jehová, para guardar, obedecer, cumplir esos mandamientos que HOY te serán dichos, entonces todas las bendiciones que serán dadas, serán muy tuyas porque Dios te pone la condición y luego te exalta sobre todas las naciones de la tierra. Creo que aún no hemos hablado de las promesas cuando ya nuestro corazón salta de gozo, de alegría. Si eso estás sintiendo, entonces hoy está siendo revelada la palabra para ti.

- Serás bendito en la ciudad y también en el campo

- Bendito el fruto de tu vientre y el fruto de tu tierra

- Bendito será el fruto de tus bestias, tus rebaños y tus ovejas

- Bendita serán tu canasta y tu ateza de amasar es decir donde trabajas, lo que haces

- Bendito serás en tu entrar y en tu salir, es decir , donde te muevas

- Jehová derrotará a tus enemigos que se levanten contra ti

- Por un camino salen contra ti y por siete caminos huirán delante de ti

- Jehová enviará tu bendición sobre tus graneros.

- Y sobre todo aquello que tu pusieras tu mano

- Te bendecirá en la tierra que Jehová tu Dios te da

- Te confirmará Jehová como pueblo santo suyo como te lo juro si guardares sus promesas

- Si te mantuvieres en todos sus caminos y promesas

- Verás todos los pueblo de la tierra si temes a

  Jehová y ellos también temerán

- Te hará Jehová sobreabundar en bienes

- En el fruto de tu vientre, de tu bestia, de tu tierra,

  en el país que te juró te daría

- Te abrirá Jehová tu buen tesoro

- El cielo para enviar la lluvia a tu tierra en su tiempo

- Y para bendecir toda la obra de tus manos

- Prestarás a muchas naciones y tú no pedirás pres-

  tado

- Te pondrá Jehová por cabeza y no por cola

- Estarás por encima solamente y no estarás por de-

  bajo

-

Todo esto acontecerá para ti si obedecieres los

mandamientos de Jehová tu Dios que YO, dice el Señor, te prescribo HOY, para que los guardes y los cumplas. Tomando en cuenta que no puedes apartarte de todas las palabras que YO te ordeno hoy, para que las guardes y las cumplas, y no te apartares de todas las palabras que Yo te mando hoy, ni a diestra ni a siniestra, para ir tras dioses ajenos y servirles.

¿Qué bendición tan grande y maravillosa!!! Si has leído este capítulo con entendimiento, hasta donde vamos explicando sobre las bendiciones, si decides implementar esta palabra para ti, todo, todo, te saldrá bien. Te animo a que leas, te lo dejo de tarea para tu cúmulo de aprendizaje, de **Deuteronomio 28:15** hasta el final. Allí están exactamente todas las maldiciones que vienen como consecuencia de no guardar las promesas que ya te fueron dadas, y como dice la misma palabra todo eso fue prescrito para ti HOY. Es decir, hoy es el día de revelación de esta palabra para tu vida. Aún fue escrita cientos de años atrás, es ahora este momento donde Dios te las revela.

Cap. 15: Derribando Los Enemigos de tu Mente

La Palabra de Dios dice que el hombre es lo que piensa de sí. Entonces tú has pensado toda tu vida acerca de ti de acuerdo a tu estado de pensamientos. Es decir, si te has considerado una persona que ha logrado sus metas, y todo lo que te propones, tienes mucho de ser un triunfador. Si has venido pensando desde que eras niño que nada en la vida te sale bien, que no lograste metas, entonces es claro que tu estado de pensamiento es negativo y en parte tóxico. Decimos tóxico porque todo aquello que te altera los pensamientos o emociones, todo aquello que siempre se opone para que pienses y sientas de manera positiva y correcta acerca de ti, produce una línea de pensamientos que se denominaría tóxica o enfermiza.

Desde que nacemos estamos rodeados de valores y creencias, que nuestros padres, familiares, maestros, Pastores o Sacerdotes, entorno, nos han brindado sin dejar de reconocer que tenemos un carácter que puede venir ya influenciado por nuestros ancestros o antepasados. Quisiera hablarles un poco acerca de esos enemigos mentales que a diario atacan nuestras mentes y que nos pueden afectar dependiendo de cómo manejamos nuestros pensamientos. Esos enemigos los debemos estudiar a ver hasta dónde podemos manejarlos nosotros mismos, o si vamos a necesitar ayuda en el camino.

Desde el momento que identificamos que la gente empieza a producir pensamientos de confusión, negativismo, preocupaciones, es entonces cuando empieza a desbalancearse su personalidad y quizás comenzar a experimentar síntomas de baja autoestima, tales como:

- tendencia a la depresión,

- No sentirse seguro

- Miedo de expresar sus gusto y opiniones

- Vulnerable a las críticas, miedo al rechazo

- Dificultades para relacionarse con otros

- Buscan ser aceptados por otros, pues sienten rechazos a si mismo

- Miedo al fracaso

- Al ser negativos, atraen al fracaso

- Se dejan lastimar por los demás

- Piensan que los demás son mejores que ellos

- Miedo de ser asertivos para evitar el rechazo

- Auto-exigentes todo el tiempo

- No creen alcanzar lo que se proponen

- Se excusan todo el tiempo por miedo de molestar

- Se sienten limitados e infelices.

¿Cómo Puedo Mejorar mi Personalidad Negativa para Derribar a ese enemigo?

- Reconocer la voces que estas oyendo

- Reformular esos pensamientos

- Fijar la atención sólo en pensamientos constructivos

- Encontrar tu propia identidad.

- Diferenciar entre emociones negativas y constructivas

- Reconocer que los pensamientos positivos son los que edifican

- Elegir la dirección de tus pensamientos

- Fortalecerte en tu fuerza interior, por el Espíritu

- Disfrutar tu estado de ánimo positivo cada día

Truquitos como estos son los que a diario nos ayudarán a ir rompiendo con esos cantaros de cosas negativas. Esos enemigos de la mente se van agrupando hasta llegar a distorsionar por completo la mente del individuo. Esto no es justo, tampoco le agrada a Dios, Él nos ha enseñado que somos capaces de controlar nuestros pensamientos y emociones si estamos siguiendo su palabra.

Para eso murió Jesús por nosotros, no sólo para darnos salvación, sino también para que viviéramos aquí en la tierra una vida en abundancia y así prepararnos para la eternidad. Por eso el creyente tiene que vivir en santidad, para de esa manera agradar a Dios, y sólo entonces se pueden cumplir sus promesas en nuestras vidas.

Ya es tiempo de entrar en el control de las emociones, de poder manejar cada una de las áreas de nuestras vidas. Esos enemigos de la mente tienen que desaparecer. Sabemos que aparecerán siempre, pero sabemos ahora como echarlos fuera de nuestros entornos. Tenemos poder y autoridad delegada de parte de Dios. Todo lo que atemos en la tierra, será atado en los cielos y todo lo que desatemos en la tierra, será desatado en los cielos.

Cuando cambiemos la forma de mirar las cosas, las cosas cambiarán. Obtienes lo mejor de los demás, cuando sacas a la luz lo mejor de ti.

Estrés es el inconveniente o diferentes problemas que ocurren cada día en cualquier parte del mundo. Es ese diario inconveniente que altera nuestra rutina diaria. El estrés puede ser tu mejor amigo para ayudarte a canalizar los inconvenientes con eficiencia. Podría ser también, esas pequeñas inconveniencias que les roban a algunas personas esa tranquilidad que tanto amamos. En este caso el estrés es un enemigo directo que va tomando terreno en las personas que fácilmente se estresan. Tan fuerte puede ser su influencia que las personas se afectan no sólo en la parte física, sino también en la espiritual.

¿Cómo desechar el estrés? Cada día trae consigo su propio afán. Siempre surgirán situaciones de estrés que te enferman o te ayudan a alcanzar grandes beneficios. Lo primero es que tú debes aceptar el estrés como algo normal, que vas a manejar eficientemente, de lo contrario el estrés te maneja a ti. Si no lo controlas te afecta de tal forma que habría que tratarlo clínicamente.

Ansiedad es una enfermedad emocional que produce una fuerte preocupación, inquietud, inseguridad, dolor de cabeza, jaquecas problemas intestinales y otros. Te roba el gozo, el reposo y te puede llevar al tal extremo que necesitas intervención clínica de inmediato. Hay diferentes tipos de ansiedad y sus síntomas son tan marcados y fuertes que podrías necesitar no sólo medicamentos, sino también hospitalización.

Dentro de los desórdenes más comunes de la ansiedad existe un tipo de desorden emocional llamado: TOC que quiere decir: trastorno obsesivo compulsivo, en inglés es OCD: *Obsessive Compulsive Disorder*. Cuando decimos trastorno obsesivo es porque la persona está sintiendo una fuerte opresión mental acerca de unos pensamientos o varios pensamientos indeseados. La persona no quiere pensar en algo, pero la presión viene constantemente y no la puede controlar. Cuando decimos compulsivo es porque la persona esta tan afectada por el constante pensamiento indeseado y como mecanismo de defensa desarrolla una rutina o comportamiento que no necesariamente es saludable. Ejemplo: si el pensamiento obsesivo es relacionado con limpieza, la persona se vuelve compulsiva y limpia, y limpia sin control, de manera enfermiza. Se puede lavar las manos cien veces al día o más, hasta lastimarse terriblemente.

Depresión es una enfermedad emocional que puede producir una serie de síntomas que afectan la relación familiar de trabajo, pareja, entorno y sobretodo, afectan la productividad en el trabajo al extremo, hasta de perderlo. Presenta síntomas como: tristeza, angustia, llanto, pensamientos de muerte, perdida de interés en las cosas que antes gustaban. El individuo quiere estar solo, descuida la higiene personal y otros. Hay diferentes tipos de depresión, todas deberían ser tratadas por un profesional de la salud mental para un manejo más efectivo.

Dependiendo del Origen y síntomas de la depresión podría ser tratado a nivel de psicoterapia y podría necesitar medicamentos. Hay un sin número de enfermedades mentales o emocionales que todas y cada una de ellas son enemigos de nuestra mente.

No podemos ignorar que la depresión tiene dos diferentes orígenes. Podría ser **Endógena** o **Exógena** Cuando es **Endógena**: quiere decir que esos síntomas vienen de dentro por un problema bioquímico cerebral. Se pueden encontrar hasta 1000 neuronas que son hereditarias. Un porciento limitado de estas neuronas se cura otras no. Por lo regular el individuo va a estar siempre medicado, ya que cuando interviene la herencia no se cura, aunque él que la padece aprende a manejarse por medio de la psicoterapia.

Exógena: es cuando todo lo que acontece alrededor de la persona podría afectarle, podría ser problemas físicos, psicológico, sociales, divorcios, problemas financieros, cualquier problema que se presente en el entorno de la persona desarrollaría esos síntomas depresivos. Estos síntomas podrían ser manejados a nivel de la psicoterapia y no necesitarían medicamentos.

Otro enemigo para derribar es la **IRA**. La Biblia dice: deja la ira y desecha el resentimiento. Tú te ofendes tú mismo, no busquemos culpables. Los seres humanos viven separándose de las personas que más aman, de los más cercanos, sintiéndose ofendidos siempre por lo que alguien les hizo. Esta información que te voy a facilitar podría transformar tu vida, te podría dar un salto al infinito si así tú lo deseas.

Si has crecido pensando que tus padres o tus seres amados no te dieron suficiente amor y cariño no debes sentirte
ofendido por eso. Ellos no hicieron nada para ofenderte.
Son tus propias expectativas mentales que creaste de como
ellos debieron amarte. Todo es fruto de tu imaginación.
Eso no es real, porque ellos no leen mentes. No tenían idea
de lo que en tu imaginación estaba pasando.

Tus expectativas de cómo debiste ser amado son las que
fueron violadas, pero los tuyos no hicieron nada por lasti-
marte, es muy probable que hicieron lo mejor para amarte.
Esas expectativas e idea tuyas son las que te lastiman y
producen ira en ti.

Otro ejemplo que te ayudará: si esperas que tu pareja hiciera algo por ti y no lo hizo, tu pareja no te ha ofendido. Es la diferencia entre lo que no hizo y lo que esperabas que hiciera, lo que te lastimó, una vez más, todo es producto de tu imaginación.

Un patrón o estructura, o hábito de algo necesita todas sus partes para funcionar bien Cuando no se siguen todas las reglas del hábito se desarma. Igualmente pasa contigo: Tienes un hábito de enojarte con otros por lo que hacen. Nadie te hace nada para ofenderte o provocarte Ira u ofensa. Todo eso desaparecerá cuando conozcas la fuente de tus ofensas. Todas están basadas en pensamientos tóxicos y dañinos que han alterado tu forma de percibir y ver las cosas de manera enfermiza. Son muchos los matrimonios, familias, Iglesias, comunidades y países que se han destruido por las falsas expectativas que se hacen de los demás, sin fundamento alguno.

Nacemos siendo originales pero los patrones de la sociedad y lo que nos enseñan lo almacenamos en nuestras mentes y todo lo relacionamos con el lente que podría ser destructivo. Esperamos que los demás hagan sólo aquello que yo quiero o espero, no se dan cuenta que Dios nos hizo libres. Esas personas se forman una idea o imagen de cómo debe ser la vida, si no salen las cosas así, están enojados y desarmados de su ambiente.

Está científica y psicológicamente comprobado que las experiencias negativas en una persona dejan huellas más profundas que las positivas. Cuando una persona ha sido lastimada o herida deja en su interior una marca que luego después la asocia con otros que conoce, temiendo que le pasara exactamente como en el pasado. Una vez más, producto de memorias tóxicas llenas de resentimiento. Siempre lista para mirar el futuro o próximas oportunidades con el lente negativo del pasado. Lo que el hombre teme, eso le llega, la ley de atracción, atraerá en su mente, lo mismo que fue la experiencia negativa del pasado. Ese patrón negativo se repite y retro-alimenta cada vez más. Esa conducta ofensiva y de ira no te permitirá ser feliz.

Una de las ofensas seria tratar de imponer tus ideas a los demás. O querer dirigir sus vidas, aquí se dan dos cosas: si no hacen lo que esperas te ofendes; y el otro se ofenderá porque no le dejas ser, le controlas. Todos los seres humanos tienen el derecho de guiar sus propias vidas como lo consideren. Si estamos siguiendo Los caminos del

Señor, será más fácil respetar su espacio y respetar el del otro. Todos aprendamos de nuestros errores. ¡Si yo pudiera empezar de nuevo, aquí estoy llorando!!!! Si tan sólo pudiera, haría todo diferente, sin desobedecer a Dios, sin lastimar mi vida y sin lastimar las vidas de los demás. ¿Sabes qué?, ¡no es así, gracias a Dios no sólo por darnos otra oportunidad, sino gracias a Dios, por dejarnos transformar por Él!

Nadie te pertenece, ni tus hijos, hermanos, padres parientes, amigos. Es como el viento, las aguas, el sol, sólo los podemos disfrutar, gozar, no trates de estancarlos con tus manos, simplemente te lastimarán tus manos, se irán por encima y seguirán su cauce. Son parte de las dádivas divinas que nos ha regalado el Señor. Los nuestros, los que amamos, las personas son como un río caudaloso, continuará su cauce, su corriente, cualquier intento en atraparlos, te va a lastimar. Gózalos, ámalos, simplemente déjalos ir.

Toda la respuesta para romper con ese fuerte enemigo de la mente que es la ira, el enojo, el resentimiento, es el perdón. ¿Qué puedo hacer para perdonar? Simplemente recuerda que nadie te ha ofendido. Son tus ideas acerca de cómo deberían actuar o ser las personas. Son ideas infundadas o aprendidas de cómo deben actuar los demás lo que te ha venido lastimando. Entonces, ¿las personas no ofenden?, claro que sí, pero no a ti, ellas expresan, proyectan, sacan de su interior lo que estaba acumulado desde que eran pequeñitos. Pero esos son las conductas de ellos, tu trabajo es cuidar, cultivar tu propia conducta. De la abundancia del corazón habla la lengua. Sobre toda cosa guardada, guarda tu corazón porque de él, mana la vida.

Guarda esa mansión que es tu corazón, para que more el Señor, Aquel que te sacó del infierno eterno y te ha trasladado a su reino de luz.

Suelta el resentimiento. ¿Sabes lo que significa esa palabra?: Volver a sentir lo mismo. No trates de controlar a otros, déjalos ser por ellos, deséales lo mejor, si te piden un consejo dáselo con sabiduría, déjalos ser libres como los hizo Dios. No te lastimes más esperando que otros hagan lo que tú quieres, ese ha sido tu error. Aprende conmigo, también tuve que hacer lo mismo, estamos aprendiendo siempre. Deja fluir las cosas, pero trata de tú hacer siempre lo que agrada a Dios, añadirá sabiduría y hermosura a tu vida.

No busques la perfección en otros o en las cosas. Ni los peces tienen un mar perfecto, siempre habrán peces depredadores. Los bosques fueran perfectos, si los arboles fueran todos bellos, sin insectos, sin reptiles, pero no es así. Estamos en un mundo que fue hecho perfecto, para gente perfecta, el pecado y la desobediencia lo tornaron en imperfecto. Suelta tu patrón negativo de ver las cosas, sé justo contigo, y empieza a buscar la única perfección que existe en Aquel que originalmente nos hizo perfecto. **2 Timoteo 3:16-17**: *"Toda la escritura es útil para corregir, enseñar, exhortar a fin de que el hombre de Dios sea perfecto, enteramente preparado para toda buena obra."*

Dejémonos corregir, eso nos llevará a esa perfección que originalmente teníamos y perdimos por el pecado. Gracias al Señor, gracias a nuestro Padre celestial que nos permitió reconciliarnos con Él a través de Jesús en la cruz del calvario. Gracias al Espíritu Santo que nos muestra, nos revela, nos corrige y prepara para morar en un reino perfecto, una tierra perfecta y eternal que desde ya es perfecta para nosotros. La vida va adelante nunca para atrás. Dale una oportunidad a tu vida y empieza a hacer las cosas bien. Pide perdón, regálate esa oportunidad que te ha dado Dios, de pedirle perdón a Él, a ti mismo, a los que te han ofendido, a los que tú has ofendido, a los que te desean mal, a todos, a todos, y experimentarás el mayor gozo que un ser humano pueda sentir. Eso será el resultado de estar en obediencia. Si tú no perdonas, Dios no te perdona, pero si obedeces Dios transformará tu vida, serás libre del enemigo de tu mente que es la ira o la ofensa.

¿Cómo podemos manejar estos problemas? Lo primero es buscar ayuda profesional para evaluar la situación y ver qué tipo de intervención clínica le ayudaría a balancear al individuo. La mejor noticia la tenemos los hijos del Señor porque tenemos la clave perfecta que nos ha dado el Creador de nuestras vidas. Él dice que al venir a Él somos una nueva criatura que tenemos la sangre que nos lava y limpia de todo pecado. Tenemos la unción del Espíritu Santo que nos permite saber todas las cosas. **Romanos 12:2** dice: *"no os conforméis a los designios de este mundo sino que seamos transformados por medio de la renovación de vuestro entendimiento"*. Debemos dejar que el Espíritu Santo comience a transformar nuestras mentes. Si el hombre es lo que piensa de sí, comencemos a pensar como Dios quiere que pensemos y ¡adiós problemas! ¡Adiós pensamientos tóxicos! Si necesitamos intervención médica, pues busquémosla y sigámosla pensando como agrada a Dios y ocurrirá el milagro.

Derriba los enemigos de tu mente que ahora conoces muy bien y podrás empezar a disfrutar de una mente sana, balanceada, funcional y conforme a la voluntad de Dios.

Una manera de derribar estos enemigos es mostrando las claves del éxito. Lo que debemos tener para lograr el éxito frente a esos adversarios: capacidad, habilidad, fuerza, control, energía. La energía nos lleva a poder lograr eso que queremos.

Actitud apropiada, el 88 por ciento del éxito se debe a la actitud y alguien dijo que la plataforma del éxito es la actitud.

La autoestima debe ser bien balanceada, ahí estriba todo, es la valía de la persona o el valor agregado que teníamos, lo que nos ayuda a determinar el éxito. ¿Para qué naciste? Para triunfar en esta vida conforme al propósito que Dios tiene para cada uno de sus hijos.

Talento: es esa herencia que traemos, tenemos que desarrollar los talentos. El Espíritu Santos nos ensenará y guiará a que podamos realizarnos con esos talentos que desde antes de la fundación del mundo Dios nos dio, para que Su nombre sea glorificado aquí en la tierra.

Compromisos para triunfar: la disposición de lograrlo depende de la responsabilidad en: trabajar, educarnos, prepararnos, aprender a no tirar la toalla, sino a vencer como dice el Señor.

Cap. 16: Derribando el Desánimo.

Este libro trata de eso. De romper, destruir, desbaratar, pisar al enemigo de nuestras almas, para que podamos tener el terreno limpio para que pueda morar sólo el poder de Dios y sus promesas para nuestras vidas. Dice la palabra que Dios nos ha dado autoridad para hoyar y pisar serpientes y escorpiones, y toda fuerza del mal, y nada nos dañará.

Para poder tener plena libertad de nuestras vidas espirituales, tenemos que derribar al engañador. Dios y las tinieblas no pueden estar juntos. Dios anhela que implementemos el poder de entrar en libertad. Si somos creyentes y no nos sentimos libres, entonces algo está pasando. Conoceréis la verdad, y la verdad nos hace libres. Si queremos romper y derribar, tiene que haber una disposición de guerra espiritual.

Las guerras espirituales se ganan a través de implementar la palabra en total obediencia y no dudando en el corazón, que de acuerdo a como creamos, veremos los resultados.

Es como la fe, tu Dios es tan grande como grande sea tu fe. Tú verás de acuerdo a lo que has creído. De ahí la importancia de pedir a Dios que aumente nuestra fe. Dios espera que entres en esperas espirituales de continuos milagros y eso va a ir aumentando tu fe. Llegará un momento como dijo Pablo: que el peso de gloria es tan grande que no lo podemos entender. A mayor magnitud de fe, mayores milagros.

El desánimo tiene que ser derribado porque es el encargado de impedir que aumente la fe en nosotros, de que veamos milagros continuos, o de que entremos en una abundancia de vida en Cristo, que sin mucha lucha podamos vencer al enemigo. Estamos en desobediencia cuando se manifiesta el desánimo en nosotros. Es tipo de depresión o mejor dicho el síntoma principal de la depresión, es el desánimo. Inmediatamente se presenta el desánimo, viene como consecuencia: angustia, tristeza, llanto, falta de esperanza, deseos de morir, irritabilidad, nos impide orar o buscar a Dios, culpamos a Dios por esos sentimientos, nos sentimos culpables y mucho más. Donde hay un estado de pensamientos de esa índole, no podrá manifestarse la presencia de Dios. Tenemos que derribar ese desaliento y luego entonces, podremos clamar, buscar a Dios. Hay tantas personas en el mundo que están atrapadas en ese mundo de temores o desánimos.

Para vencer el desánimo lo primero que debemos hacer es romper el temor. Estamos llamados a vivir una vida de éxito en nuestro diario vivir. Si hay personas que deben sentirse privilegiados somos los hijos del Señor. El hecho de ser llamados hijos de Dios, hijos del Reino es más que motivo para sentir que ese éxito no se puede comparar con nada en este mundo.

Tú y yo somos el éxito de Dios. Él nos mandó a la tierra a vencer, a ganar, a descubrir el propósito que El mismo nos dio antes de nacer para que al venir al mundo los demás vean su gracia, su poder manifestado en nosotros. Dice la palabra que el mundo entero gime esperando para ver la manifestación de los hijos de Dios. Eso es poderoso, es para nosotros. Viviendo bajo miedos y temores nunca se va a manifestar el poder y la gloria de Dios a través de nosotros. Atrévete, sé valiente, lánzate a derribar todo poder de miedos y temores para que pueda fluir el poder de Dios que nos ha sido dado. Tenemos que limpiar el terreno primero. Sólo cree y verás la gloria de Dios.

Ora conmigo: *Padre nuestro que estás en los cielos, obedientes a tu palabra nos acercamos ahora en el nombre de Jesús. Venimos dispuestos, seguros y creyendo que si te pedimos algo creyendo y no lo dudamos, en el nombre de Jesús, lo que pidamos nos será concedido. Venimos rindiendo, soltando, depositado a tus pies este mar de temores, de desánimo que tenemos, que nos impide saborear tu gloria, tu presencia. Creemos que ya está hecho, y te damos gracias infinitas en el nombre de Jesús.*

Somos la luz del mundo, la sal de la tierra. Para nosotros poder ser luz en medio de la oscuridad tenemos que alumbrar. Pero esa luz que alumbra a través de nosotros no puede apagarse fácilmente. ¿Has entendido que tienes que pelear? Lo bueno de todo esto es que podemos pelear, no importan los obstáculos que se presenten en el camino, no importa los gigantes que vayamos a enfrentar. Él pelea por nosotros, Él pelea y nos asegura la victoria.

No es cuestión de si ganamos o no, porque la realidad es que ya hemos vencido. Si estamos en obediencia, si le hemos creído, la palabra nos dice que es más fuerte el que está con nosotros que el que está en contra. Entonces es cuestión de revestirnos de su gracia y su poder. Antes de todo eso tenemos que asegurarnos que estamos en obediencia total, para que sus promesas se cumplen y su cobertura no nos abandone.

Tomemos el reto de vencer, de ganar, de triunfar. No vinimos a este mundo a pasar trabajo ni a ser pisoteados por el maligno. Ya hemos vivido eso por muchos años, por mucho tiempo cuando andábamos en nuestras malicias y pecados. Pero decidimos morir un día para que viva sólo Cristo. Ese milagro ocurrirá en tu vida desde que invites a Jesús a perdonarte y a vivir en tu corazón. Es maravilloso, yo lo siento y mi corazón tiembla de gozo y alegría cuando te digo Él vive en mí. Es real, es poderoso, es el milagro mayor que sin merecerlo, Él mismo entró y se depositó en tu corazón.

Aquilata eso, no todo el dinero del mundo podrá

compararse con eso, tampoco se puede comprar. Los hombres más exitosos del mundo no pueden experimentar lo que tú y yo estamos viviendo. Si fuera así: ¿por qué se matan los famosos, los más adinerados, los más destacados en el mundo de la farándula? Ellos no tienen vida eterna asegurada, si así fuera, no se quitarían la vida, no usarían drogas, o no tuvieran que medicarse para alterar su estado emocional. ¿Ahora puedes entender por qué el éxito ni el triunfo estriban en cosas materiales, intelectuales o científicas?

El éxito total radica en reconocer a Jesús como tu Redentor, pedirle que te establezca en su reino de luz y desde entonces, ya eres o somos eternos. Rompiendo con el desánimo, rompemos también con la depresión que es un arma mortal que no nos permite ver el lado bueno de las cosas. Si llegamos a experimentar el gozo en el medio del quebrantamiento y el desánimo, les aseguro que el estrés, la ansiedad, la confusión toda, toda quedará bajo tu control también. Es decir, tan pronto tomas la determinación de romper con el desánimo, prepárate porque de inmediato surgirá en tu vida el gozo del Señor.

El reino de los cielos es, gozo, amor y paz en el Espíritu Santo. Tan pronto se manifiestan estos frutos, abre tus ojos, estás descubriendo el éxito de tu vida que viene como consecuencia de saber que ya eres eterno. Que no tendrás preocupación cuando venga el Señor, porque estarás preparado para seguirle, obedecerle y vivir en santidad. Vivirás cada día de tu vida como si fuere el último en la tierra. Sin miedo, sin tremor, sin desánimo.

Cap. 17: Quitando la Tapa del Enemigo, Fluirá el Poder de Dios.

El Enemigo vino a matar, robar y destruir; *Yo he venido para que tengan vida y vida en abundancia,* **Juan 10:10** Poderosa enseñanza que nos hace ver rápidamente porque los cristianos vivimos bajo opresión casi todo el tiempo. Aun sabiendo que somos eternos ya, que tenemos una mansión en los cielos, que estamos blindados por el poder de Dios constantemente. Que los ángeles suben y bajan constantemente a la tierra porque Dios lo dispuso así para que nos guarden y nos ministren. Como hijos de

Dios debemos entender que Satanás fue enviado a la tierra y cayó como un rayo, y trajo consigo a los ángeles caídos o demonios. Todos ellos se mueven en la tierra en sus ámbitos espirituales para seguir apretando la tapa al pomo. Para impedir que fluya en nuestras vidas el poder de Dios. El Señor fue enviado a la tierra a quitar todas esas barreras o montañas que se nos han parado al frente para impedir que veamos lo que hay del otro lado.

Es necesario que haga rema en tu vida la palabra que dice en **Efesios 3:20**. Y aquel que es poderoso para hacer todas las cosas mucho más abundantemente de lo que pedimos o entendemos, según el poder que actúa en nosotros. Tan grande es su poder que promete manifestarse en las vidas de los que obedientemente le siguen, que nos asegura que es más fuerte lo que nos dará a través de su poder que ni si quiera lo entendemos. Dios tiene reservada grandes sorpresas para sus hijos, a eso vino. A darnos vida pero vida en abundancia. El enemigo vino a poner la tapa a las bendiciones de Dios para que no fluyan, y Dios vino a destapar todas las bendiciones que han sido prescritas para nosotros.

¡Qué bendición poderosa se encuentra en ese mundo de sorpresas que ya nos fueron dadas! Sólo aquel que las cree, las implementa y las busca, las podrá disfrutar. Hay que bajar continuamente a las aguas, hay que clamar y buscar de Él, hay que someterse a sus preceptos y los milagros ocurrirán. Es triste ver cómo tantas veces se habla de los milagros que Dios ha hecho en nuestras vidas en el pasado. ¿Qué pasa ahora?, ¿acaso no es el mismo Dios? Dios está constantemente con sus oídos y ojos abiertos, listo para responder a nuestras necesidades. No se cumplen en nosotros o no se realizan porque la tapa del enemigo tiene que ser removida. Es cuestión de quitar primero, que los tesoros están allá, escondidos.

Este es uno de los secretos más hermosos de la vida del creyente. Es como el hombre que salió por el campo y encontró un tesoro. Desde el mismo momento que recibimos a Jesús como Rey y Señor de nuestras vidas, ya hemos encontrado ese secreto, del cual hablé al comienzo del libro. El Espíritu Santo es como un río caudaloso de bendición que es Dios mismo. **Isaías 12:3** nos habla de sacar aguas con gozo de la fuente de la salvación. ¿Te acuerdas del tesoro? Ahí está, tienes que lanzarte a las aguas profundas para descubrir los misterios de los tesoros escondidos en Cristo Jesús.

Sólo penetrando a lo profundo podrás ver la belleza que allí se encuentra.

¿Has oído decir que para encontrar una onza de oro tienes que quitar toneladas de mugre? Seamos agresivos y decidámonos a entrar. Algo diferente del oro y la mugre. En Jesús todo es santo perfecto, allí no hay mugres. Pero debemos entender cuál es la tapa no sólo de la incredulidad, sino también de la ceguera espiritual que el enemigo ha sembrado en nosotros. A veces somos conscientes del tesoro, pero atemorizados para encontrarlo.

Desde que despertamos abrimos los ojos al reto del día, y todo lo que hagamos sea bueno o malo depende de la determinación o decisión que tomamos. Desde orar para irnos al baño, hacer ejercicios y luego el desayuno, es cuestión de lo que decido hacer. Si abro mis ojos y digo: *"de esta cama no me muevo hoy"*, nada va a pasar. Si decido estar en cama todo el día, la agenda que estaba programada simplemente no se cumplirá. Así es exactamente la vida, tú sólo lograrás lo que te dispongas a hacer, Tú decides.

Ese río de agua viva está dentro de nosotros. Y brotarán de su interior ríos de agua viva. No nos imaginamos el poder de milagros grandes que se esconde en nosotros. Es un rio caudal de bendiciones que trajimos a la tierra, antes de nacer, Dios lo depositó dentro de ti. Ya lo dijimos: está en tus manos el poder de tomar la decisión de buscar esas bendiciones. Tienes que tomar la determinación de quitar la tapa que el enemigo había puesto. Por eso hay creyentes que no reciben ni liberación, ni rema de una palabra revelada.

No remueven la tapa y los milagros no ocurren. Será diferente a partir de ahora, tomaremos determinación desde que abramos los ojos cada día. Buscar la dirección del Espíritu para que nuestros pasos sean firmes y seguros. Revisemos a diario nuestras agendas y con esa correcta disposición, tendremos cada día lleno de riqueza, gozo, alegría y prosperidad. Eso se llama caminar de acuerdo a la voluntad de Dios.

Él nos promete que si ofrecemos nuestros cuerpos como sacrificio vivo, santo y agradable a Él, entonces descubriremos cuál es la perfecta voluntad de Dios que es buena, agradable y perfecta. Ahí está, descubrir el gran secreto, y puedes decir abiertamente que estás viviendo una vida de éxito, no una vida de fracaso, que removiste la tapa, y se abrió tu río caudaloso en bendiciones que Dios te había dado antes de nacer. ¡Disfrútalo!!!!

Cap. 18: Destruyendo las Limitaciones.

La Biblia está llena de porciones de enseñanzas acerca de cómo el cristiano está llamado a no limitarse. **Filipenses** dice: *todo lo puedo en Cristo Jesús que me fortalece.* Cuando la palabra es enfática y dice todo, ¿quiénes somos nosotros para ponerle límites? Claro que hay tantas cosas que no podemos hacer porque traspasan la voluntad de Dios. Todo lo que es contrario a su palabra es pecado y ahí si estamos limitados.

Lo importante es que para nosotros vencer y lograr

el éxito en todo el sentido de la palabra, no tenemos que analizar los límites que pone el enemigo; ahí si hay fracaso y toda obra negativa. Por eso no podemos mezclar las cosas: o nos movemos por el Espíritu que da vida y paz, o nos movemos por la carne donde hay pecado y muerte. Seamos inteligentes siguiendo, lo que dice la palabra. Ya sabemos cómo remover la tapa del diablo. Ahora busquemos una nueva dimensión!

Para penetrar otros niveles de dimensiones debemos tener un amplio dominio de la palabra. No es que tenemos que conocer la Biblia con punto y coma, pero sí que haya tal intimidad con Dios, que el Espíritu Santo siempre se manifieste a través de nuestras vidas. El perfecto dominio de vencer las limitaciones se encuentra en tener el perfecto amor de Dios en nuestros corazones. Ese perfecto amor nos perfecciona a tal grado que no tenemos que estar clamado al Espíritu Santo. Simplemente se manifestara sin ningún esfuerzo. Él vive en nosotros y nos va formando, dando forma, nos vamos pareciendo a Él. Otros van a desear lo que tenemos, y mucho cuidado, porque toda la gloria sólo a Él le pertenece.

El amor perfecto de Dios es tan grande que sobrepasa a nuestro entendimiento o conocimiento. No se explica intelectualmente, pero ricamente se puede experimentar en el Espíritu. ¡Por eso Pablo habla de ir de gloria en gloria, de triunfo en triunfo!!!!! Cuando estemos cerca del corazón de Dios podremos entender muchas cosas, vamos a hacer lo que Él dice, vamos a desear y amar lo que Él desea y ama.

Recordemos siempre que a Él y sólo a Él tenemos que amar con toda la fuerza de nuestro corazón. Sintiendo el Amor de Dios en nuestros corazones seremos capaces de hacer lo indecible. El amor del Señor nos constriñe, nos llena de tanta esperanza que comenzaremos a exponernos a otros para que reciban lo mismo que hemos recibido. El amor transforma todas las cosas. Con una dosis de amor que viene de Dios, romperemos los límites, las barreras, los inconvenientes y podremos disfrutar de una vida en el Señor sin limitaciones. Dios es bueno, y todo lo bueno que viene de Él nos fue dado por su Espíritu. Descubran los tesoros y quedarán derribados todos los límites.

Cap. 19: ¿Por qué manifestamos mecanismos de defensa?

Dios no necesita de tu ayuda ni de la mía, Él es más que suficiente. Muchas veces estamos tan cargados con lo que ocurre a nuestro alrededor, que sin escuchar cuando nos hacen una pregunta, respondemos a la defensiva. No es sólo la imagen negativa que manifestamos como creyentes, sino que fácilmente se nota que no estamos reposando, que estamos angustiados y ansiosos. Por eso dice el Señor, por nada estéis si afanosos, sino que sean conocidas nuestras peticiones delante de Él. Podría ser que no sea la intención de defendernos, pero de lo que está lleno el corazón habla la boca. Si estamos en Paz y así nos movemos así mismo serán nuestras respuestas. Esta sería una buena forma de examinarnos a nosotros mismos para que podamos entrar en ese nivel de comunión que todos debemos tener por el Espíritu. Gracias a Dios que nosotros somos personas entendidas y no vamos a permitir que nada rompa nuestros límites en Cristo; tampoco permitiremos que el enemigo traspase los nuestros.

No seamos negativos o pesimistas. Los hijos del Señor estamos establecidos en un sitial delante de Él, al Señor no le gusta que nos movamos en la tierra con actitud negativa o pesimista. ¡No y no! somos hijos del Rey, y tenemos que celebrarlo en nuestras emociones. No podemos quedarnos movidos por aires contrarios, por pensamientos tóxicos que el enemigo nos presenta para fracasar. Empezamos a gozar de nuestras vidas en Cristo. Entramos en dimensiones de gozo por su Espíritu.

Dios habla y las cosas ocurren, El rompió los límites y quedaron rotos. El activa las cosas por el poder de su palabra. Si estás en santidad como manda Dios, podrás empezar a hablar en su nombre, reconociendo que en su nombre, el milagro ocurrirá. ¿Por qué hay personas que reciben tantos milagros y otras no? Simplemente porque los que creen y no dudan constantemente están viendo la gloria de Dios.

No dice el Señor, si crees verás mi gloria? Simplemente creámosle a Él. La biblia está llena de promesas que nos hacen saber y entender que rompiendo los límites veremos su gloria. Atrévete a orar conmigo en este momento. Amante Dios Padre que estás en los cielos, en el nombre de Jesús venimos delante de tu presencia.

Pedimos por la sangre de Jesús que nos perdone por haber

dejado llenar nuestras vidas de engaños y mentiras del

enemigo. Nos arrepentimos y renunciamos a las

limitaciones que el enemigo había tratado en nuestras

vidas. Soltamos esos cantaros de limitaciones en el nombre

de Jesús y nos declaramos libres.

Cap. 20: Si Crees, Bien Puedes.

En un capítulo anterior hemos hablado acerca de tomar decisiones correctas. El capítulo que vamos a desarrollar tiene sus bases en las decisiones tomadas, sean buenas o sean malas. Aquí entra también en juego causa y efecto, o de otra forma nos dice el Señor, todo lo que el hombre sembrare, eso también segará. Muchas veces nos preguntamos si la palabra es tan clara y contundente ¿Por qué fallamos? Creo que deberíamos analizar cómo estudiamos la palabra de Dios y como la implementamos en nuestras vidas.

Examinemos las promesas que nos fueron dadas y tratemos de apoyarnos en ellas. No podemos olvidar que mientras más disposición teníamos de creer y vivir por la palabra, más dura será la guerra que nos presenta el enemigo para sacarnos del camino. No dudes, no temas, no te confundas. Dice El Señor, *"en el mundo tendréis aflicción, más creed en mí, Yo he vencido al mundo"*. Mientras más cerca esté de nosotros la bendición, más grande será el obstáculo que el maligno nos presente para que tiremos la toalla. Dios es fiel y verdadero y todo está cumplido. Él dijo: *"consumado es"*. No tenemos que detenernos en el camino a discutir con el enemigo, créele solo a Él. Todo está hecho, es cuestión de establecer el estilo de vida que Dios demanda de nosotros. Él dice estamos en el mundo pero no somos del mundo. No tenemos nada que comparar con este mundo. Nos movemos por el Espíritu, también vivimos por El. Si Dios es con nosotros, ¿quién contra nosotros? Si Él dice que somos herederos de Dios y coherederos con Cristo, punto eso es. Créelo, acéptalo, disfrútalo, compártelo, no olvidando nunca que es sólo de Él la gloria. De Él salimos y hacia Él regresamos, pero tiene que darse un proceso de transformación y perfección. Sed santos porque Yo soy santo. Tenemos que inquirir en su palabra de día y noche para ir adquiriendo el crecimiento esperado.

Purificador de Plata. Leí un artículo hace un tiempo acerca de que Dios está sentado en medio de su pueblo como Purificador de Plata. Esta mujer con hambre de conocer a Dios participó en una reunión de mujeres cristianas donde porción de la palabra de Dios como Purificador de plata le impactó. Rápidamente llega a su casa al terminar la reunión y llama a un diseñador de plata y le pide permiso para observar cómo se procesa este metal. Cuando llega el día y ella está observando lo que hace el joyero, ella pregunta: *"¿Cuánto tiempo debe usted exponer la pieza de plata al fuego?*, el responde, *"Interesante su pregunta. Si usted la deja un minuto más, o la saca un minuto antes, se pierde o daña la pieza de plata"*. Ella vuelve y pregunta: *¿y cómo sabe usted cuando debe retirarla del fuego?*, *"muy apropiada su pregunta"* responde él. Usted sabrá que la pieza de plata está terminado, lista, cuando usted vea su rostro reflejado en la pieza de plata. Tremenda enseñanza, es decir, estamos siendo procesados todo el tiempo, el interés de Dios o su intención es que nos parezcamos a Él. Hasta que todos crezcamos a la medida de Dios, hasta alcanzar la estatura perfecta que Dios quiere que tengamos en Cristo Jesús.

Consejos que Ayudan a Creer o Aumentar la Fe.

- Tenemos que profetizar o declarar el fin de los impedimentos. Es necesario que vivamos o actualicemos lo que creemos a través de decirlo a otros, de decretarlo, para que se reafirme en nosotros no sólo lo que creemos, sino que cada promesa que nos has sido dada, vayamos implementándola en nuestras vidas.

- En medio de los límites, de los inconvenientes cuando pensamos que hemos llegado al extremo, entonces es tiempo de humillarse y buscar la presencia de Dios. Como decíamos al principio del libro la mayor bendición estriba en descender. No hay mayor gozo que derramar delante del Señor nuestras lágrimas buscando su presencia. Donde hay hambre de Dios, el milagro ocurre. A todo el que pida se le dará y al que busque, hallará.

- Cuando parece ser que nada pasará, cuando sintamos que estamos solos, que no hay otra salida, tranquilos las aguas de bendición comienzan a activarse a nuestro favor. Dios conoce exactamente donde está la necesidad, Él siempre llega a tiempo, ni antes ni después, eso nos habla de su perfección. Dios suple todo lo que nos falte en Cristo Jesús, Señor Nuestro. Crezcamos en medio de los límites, derribemos todo aquello que nos tenía detenidos. Soltemos los límites mentales que nos hacen creer que no se puede.

. No hay nada imposible para Dios. Es que a Él le ha placido darnos o hacernos hijos del Reino. No lo merecíamos, Él nos lo ha dado, nuestra única responsabilidad es creerle a Él, aceptar sus

promesas, obedecerle en todo tiempo, darle siempre

y en todo tiempo la Gloria y la Honra, y El estará

complacido de que así sea. Si crees, bien puedes.

¡Está claro! ¡Todo está hecho! ¡Él lo determino! Él

lo ha determinado así para sus hijos y nosotros como

hijos vamos a disfrutar de las riquezas de nuestro

Padre celestial.

Cap. 21: El Perfecto Amor de Dios vence todas las Oposiciones del Maligno

El amor de Dios es tan perfecto y transformador que debemos aprender las bases bíblicas para que nos sea revelado en nuestros corazones. Antes de venir al Señor ninguno de nosotros conocíamos su Amor. Nadie puede dar lo que no tiene. Dios nos da su Amor, pero tenemos que tener la revelación para poder entender su magnitud.

1 Corintios 2:7-8 *"más hablamos de sabiduría de Dios en misterios, la sabiduría oculta, la cual Dios predestinó* *antes de los siglos para su gloria. La que ninguno de los príncipes de este siglo conoció; porque si la hubieran conocido, nunca habrían crucificado al Señor de gloria."* Esa sabiduría que hablamos en misterios nos ha sido dada por la revelación del Espíritu Santo. Al Señor le plació revelarla a nosotros, los príncipes de este siglo no la entienden, pero nosotros sí.

De ahí la importancia de ver con quien nos codeamos. No podemos pedir ni esperar que la gente del mundo nos entienda, nos respete, siga nuestras peticiones porque simplemente ellos no entiendan el amor de Dios. Por eso se habla de yugos desiguales. Por eso pasa tan frecuentemente que alguien casado con un incorverso lleve una cruz muy pesada. Sería como hablar dos idiomas diferentes, nunca podrían entenderse.

El primer mandamiento dice, y amarás al Señor sobre todas las cosas. Dios es celoso de su Gloria, tenemos que amarlo con el mismo amor que Él nos amó primero. **San Juan 3:16** *"de tal manera amó Dios al mundo que nos ha dado su hijo unigénito para que todo aquel que en Él cree no se pierda, sino que tenga vida eterna"*. Cuando Adam pecó, cambió el verdadero y perfecto amor de Dios por el amor carnal. Ése es lo que la mayoría de la gente conoce. Cuando Dios entra en el corazón de una persona en verdad esa persona cambia.

Desde que el hombre cayó, nunca más ha conocido el amor de Dios. Cuando se nace de nuevo el verdadero amor se manifiesta y empieza a transformar las vidas. **Romanos 5:5** *y la esperanza no avergüenza; porque el amor de Dios ha sido derramado en nuestros corazones por el Espíritu Santo que nos fue dado.* El mismo Espíritu da testimonios a nuestras vidas que somos hijos de Dios.

La carne solo produce muerte, pero el Espíritu Santo de

Dios nos produce vida eterna y gozo y paz.

San Mateo 24:12 *y por haberse multiplicado la*

maldad, el amor de muchos se enfriará. En estos tiempos

finales el enemigo se está levantando para poner fin aún a

los justos. Confiemos plenamente que nuestro Dios nos

librará de guerras y de juicios.

Efesios 1:17-18 para que el Dios de nuestro Señor

Jesucristo, el Padre de gloria, os dé espíritu de sabiduría y

revelación en el conocimiento de Él. Alumbrando los ojos

de vuestro entendimiento, para que sepáis cuál es la

esperanza a que Él os ha llamado, y cuáles las riquezas de

la Gloria de su herencia en los Santos.

Si hubiésemos conocido el amor de Dios antes, hubiésemos amado lo que Él ama, hubiésemos visto lo que Él ve, pero si nos arrepentimos de nuestras diarias fallas Y decidimos caminar en obediencia vamos a empezar a entender el amor de Dios, y se podría ver nuestra transformación. Analicemos siempre la perfección de su amor y pidamos al Espíritu Santo que nos enseñe.

El amor de Dios sólo lo experimentan aquellos que han sido lavados por la sangre de Cristo, que ahora son nuevas criaturas. Por eso existen los divorcios, los malos entendidos, se rompen las familias y se crean tantas enemistades. Siempre estamos esperando que nos entiendan, que nos correspondan, que nos ayuden para poder funcional mejor. La realidad es que el mundo no nos puede entender, no pueden seguir nuestras opiniones porque simplemente no estamos de acuerdo. ¿Podrían caminar dos juntos si no están de acuerdo? El amor de Dios nos constriñe. No queremos hacer otra cosa que amarle y obedecerle, nada nos parece más divertido que servirle sólo a Él, con toda nuestra entrega.

Tenemos el perfecto amor de Dios que nos hace diferentes; diferentes porque ahora hacemos lo que Dios quiere que hagamos, no lo que queremos hacer, sólo nos satisface seguir su voluntad. Podemos operar en al amor de Dios, fuera de la Iglesia y en la Iglesia. Tenemos como pueblo de Dios que andar llenos del Espíritu y ser contemporáneos. Jesús no era religioso, El vino al planeta a terminar con las religiones que dividen en vez de unir a los hombres. Si estamos en el Espíritu vamos a fluir en el Espíritu.

Estamos experimentando el mayor movimiento

espiritual que se haya desarrollado en este tiempo. Jesús en su perfecto Amor no nos trataba de acuerdo a nuestras conductas o pecados, Él levantaba a la adúltera y la ponía al nivel de los demás. A la Samaritana se le acerca y aun viendo su rechazo y su justificación de pecado, la amó y le permitió ser la primera mujer que hablaba de Él. Jesús le predicaba a todo el mundo y los trataba con respeto, escuchaba sus opiniones y aun cuando tenía que confrontar una persona lo hacía con cuidado y amor puro.

Tan hermoso es su amor por nosotros que somos salvos por su gracia a Él le place llamarnos su especial tesoro. Por lo tanto debemos saber que Dios no nos hizo para andar en desgracia, mentiras, fracasos, desaliento, enfermos, en humillaciones y otras cosas más. Cuando esos pecados se practicaban en nuestro pasado es porque andábamos sin Dios, no teníamos identidad. Nadie tiene identidad antes de venir al Señor. Por eso hoy nos defendemos de los abusos, de la maldad, de los golpes. Los que están casados ya no se dejen lastimar o pegar del compañero, tenemos identidad y a ese espíritu de abuso lo mandamos a irse lejos y sin permiso de retorno.

Salmo 139:1 dice: *"Jehová, tú me has examinado y conocido, tú me formaste en el vientre de mi madre. Mis ojos te vieron cuando estaba siendo formado.* Estaban escritas en el libro todas las cosas que fueron luego formadas. Tú me hiciste de tu voluntad y para que ande en tu voluntad en esta tierra, para que tu Gloria sea vista a través de mí. Por eso no hay condenación para los que estamos en Cristo Jesús. Somos destinados para Aquel que hace las cosas de acuerdo al designio de su voluntad. Somos herederos de Dios, y coherederos con Cristo. Vale recalcar la palabra de **Efesios 2:10**: *"Porque somos* *hechura suya, creados en Cristo Jesús para buenas obras, las cuales Dios preparó de antemano para que anduviésemos en ellas.*" Nuestro destino con Jesús es que: nos amó, nos salvó, nos justificó, y nos glorificará cuando en gloria se manifieste.

Conclusión:

Aprender a vivir en la presencia de Dios y gozar a plenitud de sus beneficios no es algo que todos estarán viviendo en este momento. Este es el propósito de este libro. De llevar al corazón de las personas, la motivación, guianza y enseñanza para que se decidan vivir sus vidas en Cristo con pleno gozo y una diferente dimensión por el Espíritu.

Si has entendido el propósito del libro, si te has percatado que en todo momento nos trae ejemplos de lo que hacían los primeros cristianos; Si te ha sido revelada la importancia de buscar primeramente su reino y su justicia, entonces te aseguro que lograras esas dimensiones y esos éxitos que son posibles en Jesús. Los cantaros tienen que ser derribados, rotos, tirados, sueltos y así, y sólo así veremos la gloria de Dios empezando aquí en la tierra y luego en la eternidad.

A lo largo de estas páginas hemos atravesado las diferentes barreras, montanas, cantaros, obstáculos e inconvenientes que deben ser quitados, para que fluya Cristo Jesús a través de nuestras vidas. Hemos analizado ejemplos de muchas personas que vivían en situaciones peores a las nuestras y cómo fueron liberadas a través de seguir el plan de Dios y decidirse a soltar los cantaros. Ojalá esta historia haya sido de aliento, cambio o motivación para tu vida. Compartí mi llanto, frustraciones, impotencias, debilidades, y todo tipo de motivación para ayudarles. Sean abiertos a los cambios por la palabra y allí descubrirán los tesoros escondidos que Dios había separado para ustedes desde antes de la fundación del mundo. ¡Gracias por permitirme seguir soltando cantaros contigo!!!!!!!

Suelta tu cántaro

Made in the USA
Middletown, DE
04 September 2016

Cap. 3: Si Crees, Verás la Gloria de Dios.

Esta es una experiencia que todos tenemos que vivir. Es un episodio que ocurrió allí con respecto a la vida de Jesús y sus tres mejores amigos. Es un relato bíblico que te concierne a ti y a mí. Jesús siempre crea circunstancias cuando nos quiere enseñar algo. En esta circunstancia Jesús anda con sus discípulos y se entera de la enfermedad de Lázaro. Es sorprendente cuando Él sabiendo que Lázaro había muerto, reafirma que esa enfermedad no era para muerte sino para que Dios fuera glorificado. Jesús sabía que era bien difícil para los discípulos creer lo que oían.

Jesús sabe que es difícil para nosotros poder creer que aunque *"esté muerto vivirá"*.

Rápido se iban a la enseñanza de la palabra que en los tiempos de la resurrección de los muertos, nos enseña que todo el que crea, vivirá para siempre. Jesús fue bien preciso y hablaba en tiempo presente. En su agenda divina Él estaba creando la oportunidad de mostrarle los milagros de Dios, aun resucitando muertos. Algo interesante es la opinión de sus dos amigas o hermanas de Lázaro. Jesús decide regresar al lugar de los hechos. Jesús es impactado por Marta cuando ella le dice que su hermano muerto, ya huele mal. Jesús la confronta y le dice: "no te he dicho que si crees verás la gloria de Dios"? Entonces Él manda a buscar a María quien también le dice: "si hubieras estado aquí no hubiese muerto mi hermano". Jesús llora al ver esa fragilidad humana que se da en el hombre lo cual no nos